EL ESPAÑOL IDIOMÁTICO

ARIEL LINGÜÍSTICA

Asesor

FRANCISCO MARSÁ

PABLO DOMÍNGUEZ GONZÁLEZ,
MARCIAL MORERA PÉREZ y GONZALO ORTEGA OJEDA

EL ESPAÑOL IDIOMÁTICO

Frases y modismos del español

EDITORIAL ARIEL, S. A.
BARCELONA

1.ª edición: octubre 1988

Diseño colección: Hans Romberg

ISBN: 84-344-8207-X

Depósito legal: B. 29.649 - 1988

Impreso en España

1988.— Talleres Gráficos HUROPE, S. A.
Recaredo, 2 — 08005 Barcelona

NOTA PREVIA

No es menester decir que el *discurso repetido*, en general, y los modismos, en particular, constituyen un patrimonio lingüístico secular e inestimable, al que hay que insuflarle, mediante la deseable regularización de su uso, el hálito de vida que demanda en la hora presente. Por eso, hemos considerado que podría ser favorablemente valorada y acogida la iniciativa de elaborar un catálogo de ejercicios prácticos, donde, a partir de situaciones comunicativas perfectamente verosímiles y concebidas sin pretensiones de originalidad, el alumno se experimente en el manejo de esta importante parcela lingüística.

Este libro ha sido concebido, en primer lugar, para que sirva de ayuda a los estudiantes extranjeros de español que necesitan, o simplemente, desean mejorar su conocimiento de la lengua, aunque también resultará de interés para los hablantes nativos que quieran comprobar hasta qué punto dominan su propia lengua. Por su especial naturaleza, puede utilizarse con o sin ayuda del profesor, en ratos perdidos —antes de acostarse, en el tren, en la playa, en la terraza de un café, etc.—, a modo de entretenimiento provechoso.

El libro consta de dos partes, con un total de, aproximadamente, 1.200 items. En la primera parte, hay que completar el texto con una de las cuatro opciones que se ofrecen, todas ellas expresiones idiomáticas de uso corriente. En la segunda, el estudiante deberá indicar cuál es la definición lexicográfica correspondiente al modismo que aparece en cursiva en el texto y que, a excepción de unos cuantos casos, ya ha sido tratado en la primera parte.

Para facilitar la labor de los que no cuentan con la ayuda de un profesor, se incluye una clave. Asimismo, al final del libro hay un índice alfabético general de los modismos considerados, junto con el número de orden que les corresponde en cada parte y sus definiciones lexicográficas. La ordenación de los ejercicios, sin embargo, no responde a ningún criterio definido, a fin de no proporcionarle al estudiante pista alguna en el momento de buscar las respuestas correctas.

Algo que sí nos gustaría reseñar es que, dada la índole eminentemente práctica de este trabajo, hemos orillado en él todas las cuestiones teóricas que pudiera suscitar la noción de modismo, aunque admitimos que tal concepto, y en consecuencia el material que se pueda seleccionar a partir de su aplicación, no siempre presenta unos perfiles inequívocos respecto de sus vecinos (la frase hecha, la locución, el refrán, etc.).

Al no existir índices de frecuencia, la selección de modismos se ha hecho siguiendo un criterio intuitivo, lo que hace que se incluyan algunos poco usuales junto con otros que son más conocidos. De todas formas, en la preparación de este libro han sido fuente de inspiración el *Diccionario de uso del español*, de María Moliner, el *Diccionario Planeta de la len-*

gua española usual, de Francisco Marsá, y el *Diccionario de argot*, de J. M. Oliver. Por otra parte, es obvio decir que las frases y modismos que se incluyen pertenecen al español europeo, aunque en muchos casos son de aplicación general en todo el mundo hispánico.

Finalmente, queremos expresar nuestro agradecimiento a aquellos alumnos de Filología Inglesa y de Lengua Española de la Universidad de La Laguna que han colaborado con nosotros en la redacción de un buen número de los textos aquí presentados.

LOS AUTORES

PRÓLOGO

Debo declarar que si bien los años y las rutinas no suelen propiciar las excursiones por senderos desacostumbrados, en el caso presente me resulta grato cumplir con el ofrecimiento hecho al profesor Pablo Domínguez de presentar la obra que el lector tiene en sus manos. El profesor Domínguez, en colaboración con dos jóvenes profesores de la Universidad de La Laguna, nos ofrece un libro que es algo más que mera sucesión de ejercicios trillados destinados al estudiante extranjero de español. Y digo que es algo más porque, tras haber dedicado, salvo muy breves interrupciones, más de cuarenta años de mi vida a esta estimulante actividad, tanto en España como en el extranjero, y tras comprobar que en el aprendizaje de nuestro idioma el dominio de los modismos era primero un escollo que había que salvar y que, una vez salvado, se convertía en motivo de satisfacción, siempre eché de menos un complemento de la gramática y de los cuadernos de ejercicios que supiera explotar con eficacia el hallazgo expresivo que siente el aprendiz.

Aunque el adjetivo *idiomático* figura en el Diccionario académico, es posible que, tal como aparece en el título sea fuente de perplejidad para algún lector, perplejidad que se disipa en cuanto lee el subtítulo, al que los autores no renuncian. Y sus razones tienen. *Frase* es, sin acudir a voluminosos lexicones, un término harto polisémico en la conciencia de los hispanohablantes. Por si fuera poco, la moderna lingüística norteamericana ha acuñado dos nuevas expresiones: *noun phrase* y *verb phrase*, que unos traducen literalmente y otros mediante el tecnicismo gramatical *sintagma*, a veces empleado con manifiesta desenvoltura e imprecisión. En cuanto a la voz *modismo*, que yo prefiero mientras no acuñen otra mejor, no está lejano el día en que Ortega y Gasset, de vuelta a España después de la guerra civil —años cuarenta— organizó en su Instituto de Humanidades un seminario, con participación de ilustres personalidades, sobre el modismo. No se han publicado, que yo sepa, las intervenciones, aunque sí recuerdo el interés despertado en artículos y conversaciones de los participantes.

El hecho es que tanto *frase* como *modismo* carecen hoy en español de la precisión y nítido contorno semántico del inglés *idiom*, cuya implantación en el español hablado hoy crearía perturbaciones, igual que pasaría en francés e italiano, que también equiparan *idioma* a *lengua*. No obstante, el uso admitido por el diccionario académico para el adjetivo *idiomático* legitima de sobra el de nuestros autores, pues acentúa, como hacen ellos, lo peculiar de una lengua, sin llegar al valor peyorativo de *idiotismo*, que en los diccionarios franceses no sufre tal calificación, pero que en castellano sería hoy inaceptable por contaminación con su popular y frecuente adjetivo.

No estriba el mérito principal de esta obra colectiva de un catedrático y dos profesores titulares de la Facultad de Filología en la mera recopilación de frases y modismos de empleo cotidiano, lo cual ya bastaría para hacerla recomendable, aunque el intento tenga ya precedentes en nuestro país y en el extranjero. La novedad, a mi juicio, consiste en una presentación coordinada y —valga el neologismo— interfecundante, de dos series de ejercicios, más de seiscientos en cada serie, seguidos de un índice general, también coordinado, que es a su vez clave de los mismos. En estos ejercicios, por el sistema de elección entre cuatro opciones ofrecidas —algunas verdaderamente ingeniosas y en la mejor tradición de las páginas de humor de la prensa periódica—, el alumno, bien a solas, bien con el profesor, ha de escoger la apropiada.

La manifestación hablada y escrita del modismo suele presentar, según la geografía y las influencias sociales ambientales, algunas variantes que recuerdan las del refranero o de los romances tradicionales. De hecho, ciertos modismos parecen desgajados de refranes o constituyen realizaciones más libres de éstos o de proverbios de origen bíblico o clásico. Pero la mayoría son creaciones espontáneas de la lengua española y cumplen el requisito más característico de este hecho lingüístico, a saber, que el significado final no sea la suma de los significados parciales de sus componentes. No es éste un inventario que pretenda ser exhaustivo; los autores han tratado de incluir sólo los de vigencia general en las 50 provincias españolas; aun así, algún lector tal vez descubra modismos que le resultan familiares, pero en formulación diferente; otro acaso los considere anticuados o los desconozca por entero pero lo importante es que al estudiante extranjero de español, a quien van dirigidos, no le serán una carga inútil, sino instrumentos de utilización frecuente y claves para comprender aceptablemente al interlocutor hispanohablante. En este objetivo creo que los autores han acertado al reunir un amplio repertorio de frases hechas de uso común, excluyendo con buen criterio otras que suelen aparecer en obras de esta naturaleza, pero de difusión cuestionable.

Conozco al profesor Domínguez desde hace unos treinta años. Sé de su competencia excepcional en el uso de la lengua inglesa. Sé también, porque ha colaborado conmigo, de su interés constante por los problemas de didáctica de las lenguas y, sobre todo, de la enseñanza del español. Esta experiencia, y la eficaz ayuda de los profesores Marcial Morera y Gonzalo Ortega son garantía de trabajo bien concebido y ejecutado, que ha de reportar seguro provecho a quienes se adentran en los primeros y más transitados y aprovechables secretos del castellano. Sinceramente les deseo éxito.

EMILIO LORENZO
De la Real Academia Española

PRIMERA PARTE

A) **De las opciones ofrecidas, elegir la correcta**

1. Como el conferenciante disponía de poco tiempo para exponer sus teorías con todo detalle, tan sólo hizo una descripción de las mismas ....

a) por un tubo
b) como Dios manda
c) a grandes rasgos
d) por las buenas

2. Aunque su amiga le dijo en broma que a Antonio le había tocado la lotería, ella se lo creyó ....

a) a regañadientes
b) de perilla
c) a pies juntillas
d) de uvas a peras

3. ¿No sabes que el domingo pasado se me paró el coche en mitad de la autopista? ¡No veas qué sofoco! Menos mal que, al final, ..., logré ponerlo nuevamente en marcha y pude continuar el viaje.

a) como el rosario de la aurora
b) a regañadientes
c) como Dios me dio a entender
d) de carretilla

4. Cuando María se dio cuenta de que también estaba en la reunión su antiguo novio, salió de la sala ....

a) a la chita callando
b) a carta cabal
c) de punta en blanco
d) de uvas a peras

5. Genaro no pudo pegar ojo a causa de la tormenta. Sin embargo, su esposa durmió toda la noche ....

a) a contrapelo
b) a sabiendas
c) a pierna suelta
d) a la chita callando

6. El jefe siempre me reprocha que invierto demasiado tiempo en las tareas que me encomienda, pero es que a mí, desde pequeño, siempre me ha gustado hacer las cosas ....

a) muy de tarde en tarde
b) como Dios manda
c) a ciegas
d) a tontas y a locas

7. Cada vez que sale por la noche, vuelve a su casa .... Ayer, por ejemplo, llegó a las cinco de la mañana.

a) a las tantas
b) a quemarropa
c) a las primeras de cambio
d) a la larga

8. Aun .... de que me molestaba, mi vecino estuvo toda la tarde dando martillazos en la vivienda de arriba.

a) a la chita callando
b) a grandes rasgos
c) a carta cabal
d) a sabiendas

9. Aun en los días más desapacibles del invierno, es frecuente que los turistas nórdicos que nos visitan se internen, ..., en las no siempre mansas aguas de nuestro litoral playero.

a) sin encomendarse a Dios ni al diablo
b) a trancas y barrancas
c) a tocateja
d) a grandes rasgos

10. El ladrón encañonó con la pistola al director del Banco y le disparó dos tiros ....

a) a grandes rasgos
b) a quemarropa
c) a las primeras de cambio
d) a la larga

11. Cuando los clientes oyeron la voz de que había fuego en el hotel, salieron de sus habitaciones ....

a) por pitos o flautas
b) como alma que lleva el diablo
c) como Pedro por su casa
d) a ciencia cierta

12. Ya habían tenido anteriormente un cruce de palabras no precisamente cariñosas, y se sentía .... en aquella situación embarazosa que él no había propiciado, al menos deliberadamente.

a) a pedir de boca
b) como pez en el agua
c) a disgusto
d) a flor de piel

13. En vista de que no había dado resultado la política de buena voluntad iniciada por el equipo anterior, el nuevo ministro decidió hacer cumplir los horarios ....

a) al contado
b) a las mil maravillas

c) en cantidad
d) a rajatabla

14. Siempre es preferible arreglar las cosas .... cuando surgen problemas por cuestiones de herencia, pues si uno se pone en manos de abogados pierde mucho tiempo y dinero.
a) por las buenas
b) a la larga
c) sin ton ni son
d) a tocateja

15. Antes no solía ir casi nunca por casa, pero desde que se mudó de domicilio nos visita ....
a) por pitos o flautas
b) a ciencia cierta
c) por si acaso
d) cada dos por tres

16. Cuando el juez preguntó al acusado si había cometido el delito que se le imputaba, éste se limitó a contestar con un «no» ....
a) a tontas y a locas
b) a secas
c) a la larga
d) de gorra

17. Aquella mañana los alumnos llegaron tarde a la escuela porque vinieron de sus casas ....
a) a las primeras de cambio
b) a la larga
c) a paso de tortuga
d) a la desesperada

18. El dependiente, que se percató de la prisa que tenía Juan, se apresuró a tranquilizarlo diciéndole que no se preocupara, que le envolvería el paquete ....
a) a tocateja
b) en un dos por tres
c) de mal en peor
d) de cabo a rabo

19. Cuando necesito una prenda de vestir, siempre voy ...., pues no me gusta ir de tienda en tienda probándome distintos modelos.
a) a todas luces
b) a tontas y a locas
c) a tiro hecho
d) a tocateja

20. Cuando el barco naufragó, los tripulantes lucharon .... contra las olas, pero perecieron en el empeño.
a) a sabiendas
b) como alma que lleva el diablo
c) a la desesperada
d) a la buena de Dios

21. Nuestro propósito era comprarnos una vivienda en la zona centro. Sin embargo, y por aquello de los precios altos, tuvimos que desistir de tan ingenua pretensión. Al final, ..., conseguimos un piso pequeño en las afueras.

a) a borbotones
b) de gorra
c) a duras penas
d) a punta de pala

22. Antonio no dedica mucho tiempo a sus estudios y va aprobando ....
a) a trancas y barrancas
b) con cajas destempladas
c) con el corazón en la mano
d) de golpe y porrazo

23. Aunque en aquella fiesta había una plantilla bastante numerosa de camareros, no .... para servir a los invitados, que eran más de doscientos.
a) daban abasto
b) estaban hasta la coronilla
c) campaban por sus respetos
d) daban una a derechas

24. Aunque en épocas de crisis, como la que estamos padeciendo, los negocios no vayan bien, no hay que perder la esperanza, Vicente. Además, en esto, al igual que ocurre con otras muchas cosas en la vida, tenemos que ....
a) echar las campanas al vuelo
b) poner el grito en el cielo
c) rasgarnos las vestiduras
d) estar a las duras y a las maduras

25. Los alborotadores .... cuando vieron que venía la policía; según testigos presenciales, salieron corriendo en dirección sur.
a) chuparon del bote
b) cortaron el bacalao
c) se rascaron la barriga
d) ahuecaron el ala

26. A la pobre anciana le arrebataron el bolso de mano con tanta rapidez, que se quedó .... y no pudo reaccionar.
a) a todo gas
b) como las propias rosas
c) con la boca abierta
d) a duras penas

27. ¡Hay que ver la poca formalidad que existe hoy en día a la hora de comprar algo! Cierran el trato contigo y cuando menos te lo esperas .... y se quedan tan frescos.
a) se echan atrás
b) hilan muy fino
c) cogen el toro por los cuernos
d) mantienen el tipo

28. Pedro es un hombre muy pendenciero: siempre ....
a) hace lo que está en su mano
b) está como una seda
c) anda metido en líos
d) hila muy fino

29. La enfermera llamó a mi amiga por teléfono y le espetó .... que su madre había fallecido.

a) a bocajarro
b) a ciencia cierta
c) a diestro y siniestro
d) a la buena de Dios

30. Joaquín anda disgustado desde que sus padres le comunicaron que en breve se cambiarían de barrio. La verdad, tiene razón, porque, a sus años, con la pandilla ya formada y todo, una circunstancia de esa naturaleza .... a cualquiera.
a) da rienda suelta
b) parte por el eje
c) hace sombra
d) le importa un bledo

31. Lo mejor es no .... y decirle claramente lo que uno piensa.
a) andarse con rodeos
b) hacer la pascua
c) hacer de su capa un sayo
d) dar en el clavo

32. El profesor nos hizo preguntas tan fáciles, que el examen nos salió ....
a) como quien no quiere la cosa
b) a la larga
c) a sabiendas
d) a pedir de boca

33. Muchos educadores, en lugar de .... ante sus alumnos, lo que hacen es incitarlos a adoptar comportamientos poco edificantes. ¡Lo que han cambiado las cosas!
a) salirse con la suya
b) meterse en camisas de once varas
c) seguir al pie del cañón
d) dar ejemplo

34. Juan es muy tozudo: no hay quien .... cuando se empeña en comprar los regalos de Navidad que le gustan a él.
a) busque tres pies al gato
b) eche una cana al aire
c) lo apee del burro
d) eche las campanas al vuelo

35. Siempre que pasábamos por delante de la pastelería se nos .... al ver aquella variedad exquisita de riquísimos pasteles.
a) hacía la boca agua
b) ponían los pelos de punta
c) caía el alma a los pies
d) iba el santo al cielo

36. El empleado del establecimiento, al ver que el alborotador desoía sus requerimientos para que abandonara el local, tomó la drástica determinación de sacarlo a la calle ....
a) a diestro y siniestro
b) por las buenas
c) a empellones
d) por si las moscas

37. Cuando se entere María de que su novio le ha estado poniendo los cuernos con una extranjera va a ....

a) hacerse un lío
b) llevar el gato al agua
c) armar la marimorena
d) darse bombo

38. Todos los compañeros de la oficina pensaron que Alberto se había enfadado con ellos, pues había estado tres días ....
a) a paso de tortuga
b) sin decir esta boca es mía
c) con la boca abierta
d) a secas

39. Ya sabes que a Remedios le gusta no poco el cotilleo. Desde luego, yo no soy así: en los asuntos que no me conciernen ....
a) hago de tripas corazón
b) no entro ni salgo
c) hago buenas migas
d) estiro la pata

40. No cabe duda de que el procedimiento más rápido para ascender en el puesto es .... al jefe.
a) cantarle las cuarenta
b) poner como un trapo
c) dar sopas con honda
d) bailarle el agua

41. La actriz de la obra de teatro de anoche no trabajaba muy bien, pero era tan simpática, que ....
a) se metió al público en el bolsillo
b) las mataba callando
c) arrojó todo por la borda
d) se puso las botas

42. Ana había puesto a su marido .... al espetarle que, o dejaba aquel trabajo tan absorbente que tenía, o pedía el divorcio de inmediato. Al pobre Gustavo, bien a su pesar, no le quedó más opción que consentir.
a) de punta en blanco
b) a hurtadillas
c) a la chita callando
d) entre la espada y la pared

43. Antonio .... por mi cuñada Loli. Hasta tal punto está loco por ella, que no duerme pensando en cómo conseguir que le haga caso.
a) no tiene vuelta de hoja
b) echa una cana al aire
c) se bebe los vientos
d) hace pie

44. Mientras me afeitaba, me corté la barbilla, y la sangre empezó a manar ....
a) a las tantas
b) de hito en hito
c) a borbotones
d) como las propias rosas

45. Una cosa es la valentía y otra —muy distinta— la insensatez. ¿No te das cuenta de que, para meterse en esa empresa, hace falta primero ....? Ya tendrás tiempo de realizar ese proyecto en el futuro.

a) dejar a alguien plantado
b) hilar muy fino
c) cubrirse las espaldas
d) seguir al pie del cañón

46. Las indirectas que le lanzas a tu jefe me parecen peligrosas. Sin duda se da cuenta de que .... y el día menos pensado te va a dar un corte.

a) pones el grito en el cielo
b) le estás buscando las cosquillas
c) escurres el bulto
d) te andas por las ramas

47. Gerardo aconsejó a su hijo que, si quería ganar dinero en los negocios, ... todos sus escrúpulos morales.

a) arrojara por la borda
b) pasase por el aro
c) pagase con la misma moneda
d) no viera con buenos ojos

48. Agustín, creyendo sin duda que yo estaba en antecedentes, me comunicó de sopetón la mala noticia. Menos mal que, a estas alturas, ya uno ....

a) ve los cielos abiertos
b) no está en sus cabales
c) no da el brazo a torcer
d) está curado de espanto

49. No me gusta nada ese tipo. Desde que lo vi por primera vez sabía que no me iba a ....

a) salir por peteneras
b) caer bien
c) hacer la vista gorda
d) partir el bacalao

50. En un arrebato de vanidad, el novelista galardonado por la Editorial Boceto declaró anoche .... que su última obra era la mejor novela de este año.

a) a trancas y barrancas
b) a bombo y platillo
c) a paso de tortuga
d) a flor de piel

51. Eran tan insolentes los comentarios de los pasajeros, que el conductor, en un rapto de cólera, los ....

a) sacó de sus casillas
b) mandó a freír espárragos
c) trajo de cabeza
d) puso por las nubes

52. «A mí no .... por ayudar a quitar la mesa y recoger los cacharros», dijo el presidente del Consejo de Administración. «Es un trabajo tan digno como otro cualquiera», concluyó.

a) se me va la lengua
b) se me caen los anillos

c) se me hace la boca agua
d) se me va el santo al cielo

53. Aunque por las fiestas de Navidad y Reyes los comerciantes de juguetes ...., el resto del año no ganan para comer.
a) se ponen las botas
b) se meten a alguien en el bolsillo
c) escurren el bulto
d) se rascan la barriga

54. No sé cómo no se le ha ocurrido llamar por teléfono. Además, siempre que se retrasa, lo hace. Esta tardanza, la verdad, ...
a) hace la vista gorda
b) me da mala espina
c) se echa de menos
d) no deja títere con cabeza

55. Lo que de veras le gusta a mi hermano es .... sin sujetarse a ninguna disciplina.
a) entrar por el aro
b) campar por sus respetos
c) tomar el rábano por las hojas
d) hacer de tripas corazón

56. Cuando se le pasó el enfado, mi hermano me dijo que, aunque yo lo había ofendido ante su novia, iba a ....
a) hacer borrón y cuenta nueva
b) escurrir el bulto
c) hacer de su capa un sayo
d) hacer de tripas corazón

57. Había concertado una cita con su novio para las cinco. Éste, sin embargo, y pese a su acreditada formalidad, ... en esta ocasión.
a) le dio largas al asunto
b) hizo de tripas corazón
c) le dio esquinazo
d) le dio la tabarra

58. Tenía tanta hambre, que en la fiesta .... y se indigestó.
a) llevó la contraria
b) se curó en salud
c) comió como un sabañón
d) se dio con un canto en el pecho

59. La opinión de mi abuelo es que cualquier tiempo pasado fue mejor, y, aunque alguien le demuestre lo contrario, ...
a) no da su brazo a torcer
b) no se hace de rogar
c) no se le cae la baba
d) no da calabazas

60. Mi jefe es habitualmente una persona considerada y hasta amable con los empleados, pero cuando .... diríase que es otra persona.
a) pierde los estribos
b) echa leña al fuego
c) se le va la fuerza por la boca

d) no tiene pelos en la lengua

61. Debes comprender que su dignidad no le permite .... mientras pueda ser de utilidad a los demás.

a) darse un tute
b) comer la sopa boba
c) echar el resto
d) hacer de tripas corazón

62. Aquel viejo poeta decía que, a pesar de su avanzada edad, todavía .... pues continuaba publicando un libro por año.

a) tenía la cabeza llena de pájaros
b) estaba en la brecha
c) pasaba por el aro
d) escurría el bulto

63. El obrar .... se ha convertido hoy en día en algo tan normal, que la gente no se escandaliza lo más mínimo por ello. ¡Hay que ver cómo se han relajado las costumbres!

a) de perilla
b) a salto de mata
c) a brazo partido
d) de mala fe

64. Me imaginaba que a tus amigos les encantaría Tenerife. Cuando les pregunté qué tal se encontraban en la isla me respondieron: ....

a) «Como las propias rosas»
b) «De buenas a primeras»
c) «A ojo de buen cubero»
d) «Por si las moscas»

65. La mujer sospechaba que su marido ...., pues éste estuvo toda la tarde sin ni siquiera dirigirle la mirada.

a) tenía algo en el buche
b) echaba una cabezada
c) le tiraba de la lengua
d) cambiaba de chaqueta

66. El éxito de una huelga dependerá siempre de que los huelguistas .... contra las posiciones de la patronal.

a) abran la mano
b) cierren filas
c) sigan al pie del cañón
d) hilen muy fino

67. El piso que se han comprado mis amigos reúne todas las condiciones para vivir con desahogo y comodidad. Por eso cuando les pregunté si estaban a gusto en él me contestaron ....

a) «Como las propias rosas»
b) «Como gallina en corral ajeno»
c) «Como si tal cosa»
d) «En resumidas cuentas»

68. A pesar de que había prometido el mantenimiento de los precios, el Gobierno anunció .... que subía el coste de los carburantes.

a) de bote en bote

b) de buenas a primeras
c) a diestro y siniestro
d) a tocateja

69. El chantaje casi siempre ....: puedes conseguir lo que pretendes, y entonces quedarás como un estratega inteligente, o puedes fracasar, y, en ese caso, saldrán a relucir tus escasos escrúpulos morales.

a) es el cuento de nunca acabar
b) es harina de otro costal
c) es un arma de doble filo
d) es pájaro de mal agüero

70. No tienes por qué ser tan explícito pidiéndole que te deje quedar en su casa. Tú, ..., le mencionas que estás buscando alojamiento para unos días.

a) al contado
b) de capa caída
c) como quien no quiere la cosa
d) a ciegas

71. Todos los vecinos del municipio pensaron que el alcalde .... pues había dispuesto que pagaran tributo hasta los cochecitos de los niños.

a) no estaba en sus cabales
b) tocaba todos los resortes
c) escurría el bulto
d) llevaba el agua a su molino

72. Los dos amigos llevaban largo tiempo sin hablarse. Sin embargo, al encontrarse en esta ocasión ...., no pudieron eludir el saludo.

a) de punta en blanco
b) a quemarropa
c) a trancas y barrancas
d) frente a frente

73. Jamás he visto una persona más tranquila. Cuando oímos la explosión todos salimos corriendo precipitadamente, pero ella se quedó sentada ....

a) a todas luces
b) como si tal cosa
c) a carta cabal
d) ni a tiros

74. Debido al necesario secreto judicial, el inspector de policía tuvo que .... como pudo en la comprometida rueda de prensa de esta tarde.

a) escurrir el bulto
b) cogerlas al vuelo
c) dar una cabezada
d) irse de la lengua

75. En esta subasta la cantidad de salida son 2.000 pesetas. A ver, ¿quién ....?

a) hace de tripas corazón
b) rompe el fuego
c) hace la vista gorda
d) nada y guarda la ropa

76. Me gustaría comprarme ese Porsche pero debe .... Probablemente, más de tres millones.

a) ser el pan nuestro de cada día
b) estar en las nubes
c) pasar por alto
d) costar un riñón

77. El profesor se percató en seguida de que aquellos alumnos adolescentes ...., pues hacían preguntas muy triviales.
a) tenían la cabeza llena de pájaros
b) empinaban el codo
c) hacían novillos
d) escurrían el bulto

78. El equipo de la localidad perdía por cero a dos, y decretar un nuevo penalty, teniendo en cuenta además lo caldeado que estaba el ambiente, hubiese supuesto ....
a) seguir al pie del cañón
b) hacer de su capa un sayo
c) echar leña al fuego
d) agarrarse a un clavo ardiendo

79. El conferenciante, antes de iniciar su discurso, ... advirtiendo que algunas de las cosas que iba a decir podrían resultar demasiado chocantes.
a) recogió velas
b) se curó en salud
c) empinó el codo
d) hizo de su capa un sayo

80. El asesinato fue tan perfecto, que la búsqueda del criminal .... a toda la policía de la ciudad.
a) hacía el vacío
b) sacaba las castañas del fuego
c) daba calabazas
d) traía de cabeza

81. Dada tu inexperiencia y el mal estado de la carretera, conducir a esa velocidad tan endiablada es ....
a) dar la callada por respuesta
b) pedirle peras al olmo
c) entrar por el aro
d) jugar con fuego

82. Previendo las posibles complicaciones, el cirujano .... y advirtió a los familiares del paciente que la operación era muy arriesgada.
a) perdió los estribos
b) se curó en salud
c) entró por el aro
d) no dio pie con bola

83. La verbena del carnaval duró hasta el amanecer, y, como teníamos que trabajar temprano, solamente nos dio tiempo de ....
a) echar una cabezada
b) remachar el clavo
c) salir a flote
d) echar las campanas al vuelo

84. Ya sé que Pedro es un amigo serio y leal. Sin embargo, la vida me ha deparado tantos desengaños, que ya, si te he de ser franco, ...

a) no pongo las manos en el fuego por nadie
b) me juego el todo por el todo
c) rompo una lanza por alguien
d) no le arriendo las ganancias a nadie

85. Para conseguir el cargo que ahora ostenta tuvo que .... varios años, en los que hizo de todo.

a) comer la sopa boba
b) chupar rueda
c) ahuecar el ala
d) campar por sus respetos

86. Esteban se pasó toda la tarde haciéndome insinuaciones relacionadas con mi hermana, pero, por mucho que reflexioné sobre ellas, no logré .... hasta que ella me lo aclaró.

a) meterme en camisa de once varas
b) cambiar de chaqueta
c) atar cabos
d) hacerle la cama

87. Fueron las circunstancias las que lo obligaron a presentar la dimisión. No obstante, son bastantes los que afirman que no pasará mucho tiempo antes de que este toledano recio ....

a) eche las campanas al vuelo
b) se dé con un canto en los dientes
c) vuelva por sus fueros
d) dé gato por liebre

88. No sé si encontraré la solución a este problema, pero, desde luego, si ...., te lo comunicaré en seguida.

a) doy con ella
b) me hago el sueco
c) brilla por su ausencia
d) hay moros en la costa

89. A. ¿Despidieron al jardinero?
B. Sí, porque ....: se pasaba el día entero hablando con los árboles.

a) estaba como una cabra
b) era culo de mal asiento
c) había gato encerrado
d) negaba el pan y la sal

90. A mi mujer, que tiene una irascibilidad a flor de piel, no hay forma humana de contentarla. Después de tantos años, empieza uno a cansarse de .... a todas horas.

a) hacer leña del árbol caído
b) irse por los cerros de Úbeda
c) templar gaitas
d) ponerla como chupa de dómine

91. Con el alto índice de desempleo que existe, si consigues un puesto en ese Banco puedes ....

a) darte con un canto en los dientes
b) pasar de castaño oscuro
c) poner el dedo en la llaga
d) entrar por el aro

92. Cuando le vino el primer hijo, a nuestro amigo Inocencio .... cada vez que nos hablaba de él. Después tuvo cinco más, y ya el pobre no levantó cabeza.

a) se le caían los anillos
b) se le caía la baba
c) se le iba el santo al cielo
d) le daba la vena

93. Hay que ver lo diligente que es la nueva secretaria. Le pides que se haga cualquier cosa y .... ya te la tiene terminada.

a) de hito en hito
b) a empellones
c) en menos que canta un gallo
d) de hoz y coz

94. Algunos hombres tienen muy poco gusto para combinar prendas de vestir. Por ejemplo, la americana que lleva Antonio .... con el color de los pantalones.

a) se da de bofetadas
b) brilla por su ausencia
c) se da mucho bombo
d) se mete en camisa de once varas

95. A Margarita, que había puesto tantas ilusiones en sacar el carné de conducir, ... cuando se enteró de que la habían suspendido.

a) se le cayó el alma a los pies
b) le dieron gato por liebre
c) le sacaron las castañas del fuego
d) le hicieron la corte

96. Eso le pasa por querer salirse siempre con la suya. Si me hubiese hecho caso, ...

a) otro gallo le hubiese cantado
b) hubiese dado palos de ciego
c) me hubiera sacado de quicio
d) hubiese echado leña al fuego

97. No te preocupes si ahora los zapatos te están un poco estrechos. En cuanto los uses unos días, ... y ya no te molestarán más.

a) darán de sí
b) estarán a partir un piñón
c) se saldrán con la suya
d) brillarán por su ausencia

98. El partido de fútbol resultó tan bochornoso y la derrota tan abultada que no sé cómo a los jugadores no ....

a) se les cayó la cara de vergüenza
b) se les fue el santo al cielo
c) les hicieron la vista gorda
d) les dan gato por liebre

99. La cantante, cuyas dotes intelectuales estaban muy por debajo de las de sus contertulios, se sentía en aquella reunión ....
a) de cabo a rabo
b) como gallina en corral ajeno
c) a flor de piel
d) como el rosario de la aurora

100. En esa tienda no son muy honrados, así que cuando compres algo, ten cuidado no te vayan a ....
a) dar calabazas
b) dar en el clavo
c) dar gato por liebre
d) dar por descontado

101. Esta tarde los camareros se vieron en la necesidad de echar .... a un pedigüeño que molestaba a la clientela.
a) con cajas destempladas
b) a secas
c) a flor de piel
d) a bocajarro

102. En estas islas, donde únicamente tenemos sol, debemos tener un exquisito cuidado a la hora de subir los precios turísticos, porque, si los elevamos demasiado, podemos ....
a) estar en mantillas
b) pagar con la misma moneda
c) matar la gallina de los huevos de oro
d) nadar y guardar la ropa

103. En cuestiones de informática, los muchachos de hoy fácilmente ...., pues están mucho mejor preparados que nosotros.
a) escurren el bulto
b) nos tiran de la lengua
c) toman el rábano por las hojas
d) nos dan un baño

104. Aunque mi amigo Hermógenes sabía ser bastante galante con las chicas, ellas siempre le ....; cosa que le desanimaba mucho.
a) daban calabazas
b) enseñaban los dientes
c) tiraban piedras contra su propio tejado
d) hacían la corte

105. Si insiste en casarse con ella, aun conociendo los dudosos precedentes que tiene esa muchacha, allá él. Yo, desde luego, ...
a) hago de mi capa un sayo
b) no dejo títere con cabeza
c) me juego el todo por el todo
d) no le arriendo las ganancias

106. A pesar de las protestas para que modificasen las condiciones laborales en la empresa, lo único que consiguieron los trabajadores fue que les .... Por eso fueron a la huelga.
a) hicieran tilín

b) sacaran las castañas del fuego
c) dieran la callada por respuesta
d) tocaran todos los resortes

107. Cuando nos fuimos a dar cuenta, ya no quedaban ni restos de la tarta: ...., mis dos hermanos pequeños se la habían comido toda.
a) como alma que lleva al diablo
b) a la chita callando
c) con pelos y señales
d) a la buena de Dios

108. Esos grandes almacenes tienen una merecida mala fama. En cuanto te descuidas, ...
a) te dan gato por liebre
b) tiran de la manta
c) se les va el santo al cielo
d) se quedan a la luna de Valencia

109. Antonio es un pesado que habla como una cotorra. Ayer vino a verme y .... durante casi tres horas.
a) me dejó plantado
b) pagó el pato
c) se le hizo la boca agua
d) me dio la tabarra

110. La acción legal que su mujer había iniciado contra él ...., y esto, además, no podía ocultarlo pues se le reflejaba en el rostro.
a) lo traía por la calle de la amargura
b) lo metía en camisa de once varas
c) le daba gato por liebre
d) le negaba el pan y la sal

111. Tantas salidas al extranjero en compañía de su secretaria hicieron que Dolores —a la que hasta entonces no le constaban los devaneos de su marido— pensara que allí ....
a) se iban por las ramas
b) había gato encerrado
c) se negaba el pan y la sal
d) se ponían el mundo por montera

112. Para desempeñar ese puesto se requiere una capacidad y unos conocimientos que no todos poseen, así que como Enrique no ...., nombraron a otra persona.
a) era harina de otro costal
b) barría para adentro
c) daba la talla
d) pagó los vidrios rotos

113. En el partido de baraja de ayer, mi primo, ..., me dejó ganar la primera baza para que me confiara y así alzarse después con el triunfo más fácilmente.
a) cambiando de chaqueta
b) haciéndome la cama
c) tirando de la manta
d) poniéndose el mundo por montera

114. Dada la feroz competencia que hay en nuestro ramo, el primero que consiga la representación de los nuevos aparatos T-24 será el que ....

a) pierda los papeles
b) se lave las manos
c) se lleve el gato al agua
d) se pase de la raya

115. No te extrañe que un buen día aparezca por tu casa vestido de húsar. Cuando .... se comporta de un modo imprevisible.

a) lleva la contraria
b) le da la vena
c) suelta el rollo
d) lleva el agua a su molino

116. Ricardo me dijo que, como se sentía tan maltratado y peor pagado, pediría la liquidación y cambiaría de trabajo ....

a) a pierna suelta
b) como alma que lleva el diablo
c) a las primeras de cambio
d) como Pedro por su casa

117. Su capacidad de intriga y su carencia de escrúpulos eran tales, que, pese a haber empezado en el banco como botones, ... se encaramó a los puestos directivos de la entidad.

a) a pedir de boca
b) sin ton ni son
c) a regañadientes
d) de golpe y porrazo

118. No hay que .... que el abogado fiscal siempre solicite la condena del acusado.

a) echar por tierra
b) darse bombo
c) dar por sentado
d) echar a suertes

119. Muchos de los gobernantes de hoy le tienen tanto apego al poder, que, cuando su partido pierde las elecciones, ... sin el menor de los sonrojos.

a) las matan callando
b) echan las campanas al vuelo
c) se duermen en los laureles
d) cambian de chaqueta

120. Antes, con el trajín que llevaba, me mantenía en mi peso natural. Ahora, en cambio, como ...., he engordado más de la cuenta.

a) tiro piedras contra mi propio tejado
b) no doy golpe
c) no sé a qué carta quedarme
d) doy palos de ciego

121. A la vuelta, por poco se matan. Venían a 120 cuando, de pronto, se les cruzó una vaca en la autopista y, aunque lograron dominar el coche, ... impresionante.

a) se metieron en su concha
b) echaron un rapapolvo
c) se dieron un tute
d) se dieron un tortazo

122. Cuando traté de defender a mi amigo de las reprimendas de su padre, éste me lo reprochó diciendo que no ....

a) me pusiera el mundo por montera
b) se me fuera el santo al cielo
c) me llevara el gato al agua
d) me metiera en camisa de once varas

123. Si fuese para comer, estaría dispuesto incluso a disculparle su tacañería. Pero en algo tan poco necesario como las copas, pretender ir por la vida .... ya es demasiado.

a) a la buena de Dios
b) de gorra
c) como anillo al dedo
d) a las primeras de cambio

124. No quiero .... a mi imaginación pensando lo que haría si me tocara el gordo de Navidad.

a) dar el brazo a torcer
b) dar de lado
c) echarle el ojo
d) dar rienda suelta

125. Aunque tengas la seguridad de que estás aprobado, no .... hasta que te entreguen las calificaciones.

a) guardes la línea
b) eches las campanas al vuelo
c) estés en la brecha
d) quedes a la altura del betún

126. Últimamente no gano para sobresaltos. El más insólito fue el que me produjo la semana pasada la caída de un paracaidista a pocos metros de mi ventana. No me creerás, pero ....

a) fui a tiro hecho
b) estuve al pie del cañón
c) me quedé sin gota de sangre en el cuerpo
d) hice la comedia

127. Antes, la oposición prometía muchas cosas, pero ahora que .... y está en el poder, no las cumple.

a) ha dado la vuelta la tortilla
b) las coge al vuelo
c) hace la vista gorda
d) no llega la sangre al río

128. El conferenciante que intervino en último lugar es, sin duda, un orador elocuente, pero comparado con Dámaso Pérez, ...; Pérez es brillantísimo.

a) no tiene pelos en la lengua
b) pide peras al olmo
c) sigue en sus trece
d) no le llega a la suela del zapato

129. Una de las reglas de oro de todo profesional del mostrador es atender .... las solicitudes de los clientes, por impertinentes que éstas sean. Ya sé que a veces es difícil, pero hay que intentarlo.

a) a ojo de buen cubero

b) a regañadientes
c) a marchas forzadas
d) de buen grado

130. Ahora, el Gobierno no hace lo que ha prometido pero cuando .... y estemos en el poder, cumpliremos todos nuestros compromisos.

a) dé la vuelta la tortilla
b) se salga por la tangente
c) nos pillemos los dedos
d) pongamos tierra por medio

131. El año pasado Antonio ocupó un puesto importante en el Ministerio de Hacienda porque su tío .... por aquellas fechas.

a) tenía algo en el buche
b) escurrió el bulto
c) le daba calabazas
d) estaba en el candelero

132. Si te he de ser sincero, me agrada más la gente que .... —aunque lo que diga te pueda ofender—, que la que, teniendo propósitos malévolos, trata de dulcificar las cosas con rodeos y más rodeos.

a) va (directamente) al grano
b) lo echa todo por la borda
c) coge el toro por los cuernos
d) pone toda la carne en el asador

133. Los compañeros de Juanito creían que era tonto pero él .... haciendo un examen muy brillante.

a) les hizo la rosca
b) les pisó los talones
c) les comió el coco
d) les dio sopas con honda

134. A. Perdí el anillo en la arena de la playa.
B. Pues si lo perdiste allí, ... lo encontrarás.

a) ni buscando con candil
b) a ciencia cierta
c) abriendo la mano
d) dando palos de ciego

135. Está visto que cuanto menor es la diferencia de edad entre los hijos, peor se llevan éstos. Recuerdo que, de pequeños, mi hermano Anselmo y yo .... todo el día, cosa que no pasaba con los demás hermanos.

a) metíamos la pata
b) estábamos al pie del cañón
c) andábamos a la greña
d) hacíamos leña del árbol caído

136. Como el plazo que nos dieron para entregar el manuscrito era tan corto, tuvimos que .... para terminarlo a tiempo.

a) comer la sopa boba
b) dar la callada por respuesta
c) poner el grito en el cielo
d) darnos un tute

137. Tenía un capataz muy tirano, y, aunque se exponía a que lo despidiera, Ricardo, que estaba enfadado ese día, ...

a) le dio calabazas
b) le negó el pan y la sal
c) se las cantó claras
d) le llevó la corriente

138. El maestro de taller, que tenía una obsesión por el orden rayana en lo patológico, ... cada vez que alguien tocaba sin su permiso alguna de las herramientas con las que nos enseñaba.

a) lo echaba todo por la borda
b) sentaba la cabeza
c) ponía el grito en el cielo
d) daba palos de ciego

139. A pesar de que los quiere mucho, Felipe es muy tacaño con sus sobrinos y solamente les hace regalos ....

a) como las propias rosas
b) sin ton ni son
c) de uvas a peras
d) en un dos por tres

140. El cielo estuvo nublado toda la mañana y al atardecer llovió ....: en algunas zonas se recogieron más de 50 litros por m^2.

a) en cantidad
b) a la chita callando
c) a las primeras de cambio
d) a brazo partido

141. Los grandes almacenes, ante el fuerte incremento de personas que intentan .... a todo lo que encuentran a su alcance, se han visto obligados a reforzar las medidas de seguridad.

a) echar la casa por la ventana
b) dar palos de ciego
c) echarle el guante
d) hablar en cristiano

142. Lo que más me indigna de ese abogado .... es que además de ser ignorante es un sinvergüenza.

a) de tres al cuarto
b) por un tubo
c) sin ton ni son
d) por las buenas

143. Hace años Juan tenía una posición desahogada, pero debido a la crisis económica de los últimos tiempos está ....

a) a pies juntillas
b) a diestro y siniestro
c) como el rosario de la aurora
d) de capa caída

144. Las relaciones entre el alcalde y el portavoz de la oposición siempre fueron tensas. Por si fuera poco, desde el incidente del último pleno, ... irreconciliablemente.

a) se tienen la guerra declarada

b) están a partir un piñón
c) se les cae la baba
d) se les ve el plumero

145. Como hacía mucho frío, a ninguno de los reunidos le apetecía salir a comprar cigarrillos; así que decidieron ....

a) rasgarse las vestiduras
b) andar con pies de plomo
c) echarlo a suertes
d) barrer para adentro

146. Antonio era tan terco que, aunque le demostraran que su opinión era equivocada, la defendía ....

a) a ciencia cierta
b) a capa y espada
c) a la buena de Dios
d) a bocajarro

147. La verdad, suelo leer poco. Pero cuando .... a una novela o a un libro interesante, no lo dejo hasta terminarlo.

a) doy la lata
b) llevo el gato al agua
c) le cojo el gusto
d) echo las campanas al vuelo

148. No todo va a ser trabajar. De vez en cuando es conveniente, e incluso necesario, salir con los amigos y ....

a) pagar el pato
b) pagar los vidrios rotos
c) no tener pelos en la lengua
d) echar una cana al aire

149. Cuando el director se enteró de que Juan había faltado dos días al trabajo, lo .... inmediatamente.

a) llamó a capítulo
b) trajo de cabeza
c) trajo por la calle de la amargura
d) metió en camisa de once varas

150. Las dos amigas, confidentes habituales, pudieron .... aquella tarde en la que, por fin, no estaba presente ninguna intrusa que les impidiera desahogarse.

a) jugarse el todo por el todo
b) curarse en salud
c) despacharse a gusto
d) echar leña al fuego

151. Faltan sólo dos días para que venza el plazo fijado en el contrato. Tenemos pues que .... y terminar el trabajo que se nos ha encomendado.

a) chupar del bote
b) escurrir el bulto
c) llevar la corriente
d) echar el resto

152. José tenía tantos problemas con las matemáticas, que, para aprobar, su padre hubo de ....

a) echarle un capote
b) frotarse las manos
c) cantarlas claras
d) echar las campanas al vuelo

153. El presidente del Congreso advirtió al diputado de la oposición que el tema que se debatía era el de los presupuestos y que el de las incompatibilidades laborales ....

a) estaba por las nubes
b) era pájaro de mal agüero
c) era harina de otro costal
d) se iba por los cerros de Úbeda

154. Me parece que la Jefatura de Tráfico ha .... tus sugerencias, pues la señalización en aquel lugar no ha cambiado desde entonces.

a) enseñado los dientes
b) puesto en tela de juicio
c) echado en saco roto
d) dado con

155. Aquella noche mi padre no pudo pegar ojo. Por eso, cuando se levantó a la mañana siguiente, ...

a) tenía cara de pocos amigos
b) no dio el brazo a torcer
c) se llevó el gato al agua
d) estaba al pie del cañón

156. Otra cosa no, pero hablador sí que es. Con tal de que le ofrezcan la ocasión, ... con cualquiera.

a) llama al pan pan y al vino vino
b) pega la hebra
c) empina el codo
d) entra por el aro

157. Su comportamiento en la oficina se hacía cada vez más insoportable, por lo que el jefe no tuvo más remedio que .... y ponerlo en su sitio.

a) tomar el rábano por las hojas
b) darse un tortazo
c) echarle un rapapolvo
d) hacerse el sueco

158. El muchacho se insolentó tanto con su padre, que éste, perdiendo los estribos, le ....

a) dio gato por liebre
b) dio sopas con honda
c) tiró de la manta
d) cruzó la cara

159. El anciano, que había sido abandonado por sus hijos en aquel inmundo asilo, ... cada vez que tenía la oportunidad de hacerlo.

a) hacía de tripas corazón
b) daba el brazo a torcer
c) respiraba por la herida
d) echaba las campanas al vuelo

160. Es cierto que el tiempo vuela: se nos fue la semana .... y ni siquiera hicimos la mitad de las cosas que pensábamos hacer.

a) en un soplo
b) a tocateja
c) de uvas a peras
d) a las tantas

161. Rafael no tuvo inconveniente en .... cuando el profesor le preguntó si había sido él el que había dibujado un monigote en la pizarra.

a) perder los papeles
b) jugar con fuego
c) dar la cara
d) estar en el candelero

162. Al principio, la situación no pudo ser más embarazosa. Todos los invitados nos mirábamos sin chistar. Menos mal que, al final, Luis, con su proverbial extraversión, se decidió a ....

a) echar leña al fuego
b) romper el hielo
c) estar en Babia
d) llevar el gato al agua

163. Nos hizo volver a casa para, después, coger un taxi y llevarle el paquete a la estación cuando apenas faltaban cinco minutos para que saliera el tren. Para colmo, tuvimos que cambiar de taxi porque se averió a mitad de camino. ...., que perdimos el tren.

a) A bombo y platillo
b) A duras penas
c) En resumidas cuentas
d) Por las buenas

164. Si tu hermano me jugara una mala pasada, ... el resto de sus días.

a) vería los cielos abiertos
b) se quedaría corto
c) chuparía del bote
d) no le miraría a la cara

165. Cuando vi que la discusión adquiría un cariz peligroso, no tuve más remedio que intervenir para intentar .... al asunto.

a) quitarle hierro
b) darle gato por liebre
c) dorarle la píldora
d) negarle el pan y la sal

166. Está visto que si uno es bueno con ciertas personas, luego no te respetan. Por eso lo mejor es .... de vez en cuando.

a) cortar el bacalao
b) enseñarles los dientes
c) buscar tres pies al gato
d) dar la callada por respuesta

167. Los abusos del capataz de la obra eran ya tan insoportables, que a los operarios no les quedó otro remedio que ....

a) plantarle cara
b) darle sopas con honda

c) echar una cabezada
d) traerlo por la calle de la amargura

168. Que hay que trabajar es algo que nadie discute. Pero hacerlo de sol a sol hasta ...., me parece propio de personas poco inteligentes.
a) poner toda la carne en el asador
b) poner los pies en polvorosa
c) echar los hígados
d) hacer de tripas corazón

169. Este verano no podemos ir de vacaciones a ningún sitio porque después de haber pagado el piso y el coche ....
a) estamos a dos velas
b) no damos el brazo a torcer
c) estamos en las nubes
d) hay moros en la costa

170. Transcurridos algunos días de tensa calma, los vecinos .... con sus exigencias de que dimitiera el gobernador.
a) perdieron los papeles
b) volvieron a la carga
c) se lavaron las manos
d) echaron la casa por la ventana

171. No me gusta llegar tarde a clase, entre otras razones porque luego me cuesta Dios y ayuda .... de la explicación del profesor.
a) dar gato por liebre
b) echar todo por la borda
c) echar las campanas al vuelo
d) coger el hilo

172. Desde que tuvieron aquella discusión con los vecinos de al lado, las dos familias ...., y ni siquiera se saludan.
a) se hacen un lío
b) son uña y carne
c) están a rabiar
d) han removido el cielo y la tierra

173. Cuando se casó su hermano mayor, Roberto sintió como si le arrancaran una parte de su cuerpo, pues hasta entonces ....
a) habían sido uña y carne
b) habían dado la talla
c) habían hilado muy fino
d) se habían hecho de rogar

174. Vivimos una época de crisis en todos los órdenes. Diríase que estamos en pleno apogeo de la precariedad. Por eso, es más que razonable que se tenga la impresión de que todo ....
a) huele a cuerno quemado
b) es harina de otro costal
c) está pendiente de un hilo
d) está a partir un piñón

175. Algunas personas están dispuestas a aprovechar cualquier oportunidad para ganarse la vida. Por ejemplo, mi amigo Antonio, que no tiene trabajo, ...

a) está a la que salta
b) está con la mosca detrás de la oreja
c) lleva los pantalones
d) no da pie con bola

176. Como aquel año corrió la voz de que no se celebrarían ya más oposiciones en el futuro, los aspirantes ....

a) las cantaron claras
b) pusieron toda la carne en el asador
c) tiraron piedras contra su propio tejado
d) llevaron el gato al agua

177. El ministro de Asuntos Exteriores y el jefe de la Oficina Diplomática estiman concordemente que, en las delicadas cuestiones relacionadas con el país vecino, hay que ....

a) nadar y guardar la ropa
b) hilar muy fino
c) dar la nota
d) sacar fuerzas de flaqueza

178. A veces parece una persona normal, pero no te puedes fiar de él porque .... y nunca se sabe cómo va a reaccionar.

a) pone tierra por medio
b) está como para parar un tren
c) es más el ruido que las nueces
d) está como una regadera

179. A. ¿Te parece que Luis es sincero?
B. Sí, ya no se anda con hipocresías; hace mucho tiempo que ....

a) se cambió de chaqueta
b) está en el candelero
c) echó las campanas al vuelo
d) se quitó la careta

180. Como emulando al más perplejo de los búhos, los internos de aquel cochambroso manicomio no cesaban de mirarnos ....

a) a la carrera
b) de hito en hito
c) por las buenas
d) como quien oye llover

181. Hasta hace poco Antonio era un marido insoportable, pero desde que su mujer le dio cuatro gritos, ...

a) está como una seda
b) está por los suelos
c) no suelta prenda
d) sigue en sus trece

182. Estuviste muy insolente con el profesor, y, como es tan vengativo, me temo que a la larga eso te va a ....

a) dar gato por liebre
b) dar palos de ciego
c) costar caro
d) negar el pan y la sal

183. A mi modo de ver, el gozar de un *status* económico y social elevado no autoriza a .... a nadie.

a) tirar de la manta
b) mirar por encima del hombro
c) jugarse el tipo
d) meterse en camisa de once varas

184. Creo que la nueva profesora te va a gustar mucho, pues .... y además es muy simpática.

a) está como un tren
b) brilla por su ausencia
c) anda a la greña
d) está a la que salta

185. Margarita, cansada de .... a su marido, terminó por divorciarse.

a) aguantarle carros y carretas
b) remachar el clavo
c) tirarle de la manta
d) darle calabazas

186. Como soy de la opinión de que la vida hay que vivirla intensamente, cuando me meto en un lío, lo hago ....

a) a regañadientes
b) a trancas y barrancas
c) a disgusto
d) de hoz y coz

187. No creo que mi amigo Pepe me devuelva pronto el préstamo, pues .... Y es que, aparte de otras deudas que tiene, se encuentra en paro desde el año pasado.

a) está con la soga al cuello
b) está como pez en el agua
c) está hecho un lío
d) está a las duras y a las maduras

188. El hijo de la vecina se había tomado tantas confianzas en mi casa, que tuvimos que ....

a) pasarnos de la raya
b) pararle el carro
c) lavarnos las manos
d) escurrir el bulto

189. Conozco a Juan desde pequeño y siempre ha sido un modelo de sencillez. Confío en que ahora, con la obtención de este premio literario, no ....

a) haga de tripas corazón
b) saque fuerzas de flaqueza
c) pierda los estribos
d) se le suban los humos a la cabeza

190. A las dos de la mañana, la discoteca El Colibrí suele ...., por lo que siempre vamos a otra menos concurrida.

a) tener buen saque
b) estar de bote en bote
c) estar como un tren
d) tener trastienda

191. No entiendo tu lógica, Bartolo; tú, en lugar de enseñar al niño primero a multiplicar y después a dividir, te obstinas en ....

a) atar cabos
b) tener la cabeza llena de pájaros
c) volver a la carga
d) poner el carro delante de las mulas

192. Rosaura era de natural tímido y sólo se atrevía a mirar .... al chico del que estaba enamorada.

a) a bocajarro
b) a tontas y a locas
c) a hurtadillas
d) como quien oye llover

193. El jefe hoy debe .... porque no hace sino gritar cada vez que sale de su despacho.

a) estar de mala uva
b) buscarle tres pies al gato
c) beber los vientos por alguien
d) dar en el clavo

194. Aunque se hayan agotado las localidades, podrás entrar si le .... al portero con algunas monedas.

a) tiras de la manta
b) pones toda la carne en el asador
c) untas el carro
d) cubres las espaldas

195. La inesperada noticia de su despido laboral le .... Sólo su entereza le salvó de una depresión más que cantada.

a) echó leña al fuego
b) sacó las castañas del fuego
c) sentó como un jarro de agua fría
d) hizo la rosca

196. Ha vivido tanto, que pocas cosas le hacen ya ilusión, pues .... de todo.

a) se cura en salud
b) chupa rueda
c) está de vuelta
d) está como una seda

197. Los chicos estaban impacientes por salir a jugar. Por eso hicieron los deberes escolares ....

a) a la carrera
b) a capa y espada
c) a las primeras de cambio
d) como alma que lleva el diablo

198. Llevaba bastante tiempo dándole vueltas a la idea de abrir un negocio, hasta que, por fin, me decidí a ....

a) hacer de mi capa un sayo
b) jugarme el todo por el todo
c) perder los estribos
d) hilar muy fino

199. Tuve que repetirle las instrucciones varias veces porque, como siempre ...., no se entera.

a) está en ascuas
b) está en Babia
c) da el do de pecho
d) hace lo que está en su mano

200. Como los alumnos se aprendían las lecciones ...., cuando el maestro les pedía que se las explicaran, ellos se quedaban sin saber qué decir.

a) a brazo partido
b) a la chita callando
c) a hurtadillas
d) de carretilla

201. Esa chica impresiona mucho a primera vista; luego, una vez la conoces, te das cuenta de que ....

a) anda con pies de plomo
b) pone el grito en el cielo
c) no es nada del otro jueves
d) es pájaro de mal agüero

202. Aún no se ha resuelto tu problema, pero no te preocupes; .... y te avisaré tan pronto sepa algo.

a) están mano sobre mano
b) están a las duras y a las maduras
c) están en Babia
d) están en ello

203. La gracia, la galantería y el dinero hacían de mi amigo Rodolfo un seductor ....

a) a carta cabal
b) a pierna suelta
c) a regañadientes
d) como Pedro por su casa

204. A Juan todo el mundo lo vitupera por su turbio pasado político. Yo, sin embargo, y aun a riesgo de mi reputación, quiero .... en su favor.

a) guardar la línea
b) darle el esquinazo
c) salirme por la tangente
d) romper una lanza

205. El secretario de la embajada, que tiene fama de estar a la moda, siempre .... cuando asiste a alguna fiesta.

a) sale hecho una sopa
b) hace novillos
c) va hecho un brazo de mar
d) pone tierra por medio

206. Cuando se percató de que la situación se le iba de las manos, el ministro .... a la policía.

a) dio gato por liebre
b) dio carta blanca
c) dio calabazas

d) no dio el brazo a torcer

207. Ahora que has conseguido el puesto que ansiabas, conviene que no .... y sigas progresando.

a) eches leña al fuego
b) estés al pie del cañón
c) te duermas en los laureles
d) pongas el grito en el cielo

208. Esta mañana se me ocurrió salir sin paraguas y con la lluvia que me ha caído encima, estoy ....

a) a la larga
b) chupando rueda
c) hecho una sopa
d) de cabo a rabo

209. Las disputas entre los vecinos de ambos pueblos habían llegado a tal grado de agresividad, que las autoridades tuvieron que ....

a) tomar cartas en el asunto
b) meter la pata
c) echar las campanas al vuelo
d) poner toda la carne en el asador

210. Una de las virtudes que más aprecio en los demás es la discreción. Desde luego, no podría vivir junto a una persona a la que, a las primeras de cambio, ...

a) se le hiciera la boca agua
b) se le viera el plumero
c) se le subieran los humos a la cabeza
d) se le fuera la lengua

211. Por esa cantidad, podrías haber comprado el doble de las acciones que tienes si hubieras esperado un poco a que bajaran: ahora mismo ....

a) están por los suelos
b) están en sus cabales
c) no pegan ni con cola
d) están a las duras y a las maduras

212. El maestro .... a Paco porque había llegado tarde a la escuela.

a) no le dio el brazo a torcer
b) le dio carta blanca
c) puso por las nubes
d) le leyó la cartilla

213. El comisario había advertido a sus subordinados que todos los procedimientos, excepto la tortura, eran lícitos para .... a los presuntos delincuentes.

a) arrimar el ascua a su sardina
b) echar un capote
c) tirar de la lengua
d) dorarle la píldora

214. Aprobar un examen para el que sólo tienes que preparar 20 temas es algo que .... si lo comparas con los 200 temas que me exigieron en mis oposiciones.

a) cuesta un riñón
b) no tiene vuelta de hoja
c) pasa de castaño oscuro

d) está tirado

215. Aunque Roberto es muy tacaño, el día de su cumpleaños .... y lo celebró por todo lo alto.

a) puso el cascabel al gato
b) se quitó la careta
c) echó la casa por la ventana
d) puso el carro delante de las mulas

216. Antonio, pese a sus casi 50 años, ha empezado recientemente a hacer deporte, pues el médico le ha dicho que si no ...., pronto tendrá problemas de salud.

a) pone puertas al campo
b) pone el cascabel al gato
c) suelta prenda
d) guarda la línea

217. Cuando el pobre hombre ...., sus herederos se enemistaron por cuatro perras que poseía.

a) pegó la hebra
b) estiró la pata
c) hizo de su capa un sayo
d) echó las campanas al vuelo

218. Ricardo pensó que la amistad de su padre con el profesor de matemáticas iba a facilitarle el aprobado. Pero no se imaginó que éste ....

a) estaba en la brecha
b) no se casaba con nadie
c) no cambiaba de chaqueta
d) echaba las campanas al vuelo

219. Víctor, siempre que su profesor se disponía a preguntar la lección, ... para evitar quedar en evidencia.

a) estaba en la brecha
b) se ponía las botas
c) estaba en el candelero
d) se hacía el loco

220. Tenía tantas ganas de entregarle el regalo, que .... para ir a verla nada más llegar de viaje.

a) hizo una de las suyas
b) dio la talla
c) le faltó tiempo
d) echó una cana al aire

221. Marcela era el espíritu de la contradicción, y eso .... a su padre, que se enzarzaba con ella en violentas discusiones.

a) sacaba de sus casillas
b) hacía la comedia
c) pasaba por alto
d) ponía en su sitio

222. Aunque el trato había quedado cerrado el día anterior, Genaro, el vendedor, ..., ya que el comprador no dio señales de vida.

a) se quedó a la luna de Valencia
b) no estuvo en sus cabales

c) fue de la Ceca a la Meca
d) dio en el clavo

223. Los elevados costes de la Seguridad Social terminarán arruinando a las pequeñas empresas, muchas de las cuales ya ....

a) están a las duras y a las maduras
b) hacen agua
c) llevan el gato al agua
d) se salen por la tangente

224. A. Lo que más te revienta de todo esto es que vengan estos jovencitos inexpertos a decirte lo que tienes que hacer.

B. Sí, éstos todavía .... y ya quieren imponer sus criterios.

a) tiran piedras contra el propio tejado
b) se llevan el gato al agua
c) echan la casa por la ventana
d) no saben ni la cartilla

225. Después de la última bajada del dólar, teníamos la esperanza de que las exportaciones de nuestros productos se incrementaran. Pero las cosas han ido .... y apenas recibimos pedidos del extranjero.

a) a pedir de boca
b) de mal en peor
c) como Pedro por su casa
d) a tontas y a locas

226. María siempre .... cuando le pedimos que toque el piano. Hay que insistir mucho para que se decida.

a) se va de la lengua
b) se hace de rogar
c) está en Babia
d) corta el bacalao

227. ¡Fabulosa la interpretación de Hamlet que hizo anoche Marsillach! Sin duda, es un actor que ...., pero aun así, su actuación fue genial.

a) no tiene pelos en la lengua
b) tiene muchas tablas
c) habla por los codos
d) no se casa con nadie

228. Cabe esperar que, como el profesor de química orgánica se jubila este año, éste .... en los exámenes de junio, aunque yo prefiero no fiarme.

a) se cubra las espaldas
b) no tenga pelos en la lengua
c) abra la mano
d) pierda los estribos

229. Mi amiga no podía soportar la vista de la sangre, pero .... y le curó la herida al accidentado

a) se dio el bote
b) hizo buenas migas
c) hizo de tripas corazón
d) echó leña al fuego

230. Todos estamos de acuerdo en que hay que pedirle al jefe un aumento de sueldo. Ahora falta elegir a la persona que ha de ....

a) echar la casa por la ventana
b) dar la nota
c) hacer pie
d) ponerle el cascabel al gato

231. El jefe de la sección de zapatería no dio crédito a las sospechas que recaían sobre el nuevo dependiente hasta que ....

a) no hizo nada a derechas
b) lo cogió con las manos en la masa
c) se lió la manta a la cabeza
d) hizo de su capa un sayo

232. No puedo aprobar tus declaraciones, pues a mí me han perjudicado y, en cambio, han servido para .... a mis enemigos

a) poner como un trapo
b) dar de lado
c) dar gato por liebre
d) hacer el caldo gordo

233. .... que no me quedó otro remedio que acceder a sus peticiones.

a) Empinó tanto el codo
b) Me remordía tanto la conciencia
c) Se fue tanto por los cerros de Úbeda
d) Se le encogió tanto el corazón

234. Una de las limitaciones que tienen los periódicos de provincias reside en la imposibilidad de obtener información nacional ....

a) a hurtadillas
b) de primera mano
c) de pacotilla
d) de padre y señor mío

235. Felipe es una persona muy egoísta. Cada vez que le recuerdo que me debe una cena, ... para no tener que invitarme y gastarse dinero.

a) no da pie con bola
b) se hace el sueco
c) pone el dedo en la llaga
d) las coge al vuelo

236. A. ¿Sabías que la esposa de Manolo lo dejó y se marchó con otro?
B. No, pero como era una mujer tan ...., no me extraña nada.

a) a carta cabal
b) de capa caída
c) ligera de cascos
d) corriente y moliente

237. Los barrios más orientales de la ciudad .... Allí, el asfaltado de las calles o la red de alcantarillado son —y bien resignadamente que se lo toman sus vecinos— auténticos sueños imposibles.

a) están dejados de la mano de Dios
b) están a partir un piñón
c) están en el candelero

d) no pegan ni con cola

238. Se portó tan mal con sus compañeros en aquella ocasión que, a partir de entonces, ... para demostrarle que su compañía no les resulta grata.

a) andan con pies de plomo
b) le hacen el vacío
c) no dan pie con bola
d) se lían la manta a la cabeza

239. Los niños no hicieron caso cuando su madre les dijo que no jugaran a la pelota cerca de la ventana. Por eso, cuando rompieron el cristal intentaron que el abuelo ....

a) les sacara las castañas del fuego
b) echara leña al fuego
c) les diera calabazas
d) estuviera en la brecha

240. El trabajo del taxi es francamente agotador. Menos mal que los fines de semana mi hijo .... y puedo descansar algo.

a) es un cero a la izquierda
b) me saca de quicio
c) echa la casa por la ventana
d) me echa una mano

241. Juanito estaba tan harto de que sus padres le ...., que un buen día decidió marcharse de su casa para sentirse libre y poder organizarse a su aire.

a) siguieran la corriente
b) hicieran la contra
c) pisaran los talones
d) dieran gato por liebre

242. A. ¿Han vuelto los niños a romperte el cristal de la ventana?
B. Sí, con ésta ya van tres veces. Esto ....

a) pone la carne en el asador
b) da gato por liebre
c) da palos de ciego
d) pasa de castaño oscuro

243. Los muchachos de los suburbios de las grandes ciudades no se convertirían en delincuentes si no .... todo el santo día.

a) llevaran las riendas
b) estuvieran mano sobre mano
c) pusieran pies en polvorosa
d) se pusieran las botas

244. El director, viendo que uno de sus subordinados le .... adulándole descaradamente, le reprochó su conducta con delicadeza.

a) enseñaba los dientes
b) hacía la rosca
c) apretaba las clavijas
d) buscaba las cosquillas

245. Juan no tenía los pies en la tierra. Se pasaba los días enteros ....

a) haciendo castillos en el aire
b) como pez en el agua
c) poniéndose el mundo por montera

d) a grandes rasgos

246. La nueva subida de los crudos ha hecho que los países productores de petróleo .... regocijadamente, ya que consideran que este incremento no será, como los anteriores, momentáneo.
a) pongan el grito en el cielo
b) echen leña al fuego
c) se froten las manos
d) estén en Babia

247. El profesor vio que algunos alumnos copiaban en el examen pero .... y los dejó continuar. Ya sabría él cómo actuar después.
a) se rascó el bolsillo
b) hizo la vista gorda
c) perdió los estribos
d) arrimó el ascua a su sardina

248. El novio de Milagros era tan soberbio e intransigente y me estaba hartando tanto, que no me quedó otro remedio que ....
a) darle carta blanca
b) mandarlo a freír espárragos
c) pedirle peras al olmo
d) poner el carro delante de las mulas

249. Mi abogado me pidió que, respecto a mi caso, fuese absolutamente sincero con él, para así poder ....
a) matar dos pájaros de un tiro
b) hacer leña del árbol caído
c) echar las campanas al vuelo
d) hacer todo lo que estaba en su mano

250. El catedrático temía que los miembros de su equipo le .... y por eso casi siempre ponía objeciones a cualquier propuesta que no partiera de él.
a) dieran gato por liebre
b) hicieran sombra
c) pusieran tierra por medio
d) llevaran el gato al agua

251. Aunque la solución final no parecía que fuese a beneficiar a los huelguistas, éstos, tras largas negociaciones, consiguieron ....
a) salirse con la suya
b) curarse en salud
c) echar una cana al aire
d) hacer la vista gorda

252. La expresión ceñuda de los representantes de los trabajadores denotaba que, una vez más, ... de la negociación.
a) se habían ido con las manos vacías
b) estaban en la brecha
c) seguían al pie del cañón
d) echaban leña al fuego

253. Los vecinos consideran que el ayuntamiento les ha .... al construir la nueva carretera porque ahora hay excesivos ruidos.
a) dado en el clavo

b) echado un capote
c) echado en saco roto
d) hecho un flaco servicio

254. La mujer era la que llevaba los pantalones en aquella casa. Su marido ....
a) no se casaba con nadie
b) era un cero a la izquierda
c) era uña y carne
d) se llevaba el gato al agua

255. Mi decepción fue grande cuando comprobé que mis dos mejores amigos, en lugar de echarme un capote en aquel enojoso asunto, ... como Pilatos y se marcharon.
a) perdieron los estribos
b) cerraron filas
c) se agarraron a un clavo ardiendo
d) se lavaron las manos

256. Esta mañana intenté rellenar los impresos para la declaración de la renta y como .... decidí que lo mejor era poner el asunto en manos de un gestor.
a) me hice un lío/taco
b) me quedé corto
c) no llegó la sangre al río
d) me hice el sueco

257. Cuando los periodistas preguntaron al presidente que cómo pensaba remediar el problema del paro, éste .... hablándoles de otros asuntos.
a) aguantó carros y carretas
b) se fue por los cerros de Úbeda
c) dio carta blanca
d) echó la casa por la ventana

258. Los socios de la entidad recreativa del pueblo exigieron airadamente unas nuevas elecciones, pues desde la celebración de las últimas, la institución ...., lo que afectaba a la buena marcha de ésta.
a) pasaba de castaño oscuro
b) iba manga por hombro
c) no era nada del otro jueves
d) era pájaro de mal agüero

259. Desde que conoció a María, no hace sino hablar de ella con mucha admiración. Yo creo que ....
a) le ha enseñado los dientes
b) está hecho una sopa
c) brilla por su ausencia
d) le ha hecho tilín

260. Desde que la abandonó su marido ...., y no se ha recuperado todavía a pesar de que han pasado tres años.
a) no se sabía ni la cartilla
b) perdió la chaveta
c) se llevó el gato al agua
d) se fue por las ramas

261. A pesar de que su madre le mostró reiteradamente lo poco que le complacía aquel chico, María .... casándose con él; y es que nadie escarmienta en cabeza ajena.

a) se curó en salud
b) arrimó el ascua a su sardina
c) no tuvo pelos en la lengua
d) se mantuvo en sus trece

262. No me gusta ir de copas con Pedro porque en seguida pierde los estribos y empieza a ....

a) hacer de las suyas
b) hacer de tripas corazón
c) hilar muy fino
d) hacer la vista gorda

263. A. ¿Qué te parece el nuevo cruce entre melocotón y ciruela?
B. No me gusta. El resultado ....

a) no es ni chicha ni limonada
b) se lleva el gato al agua
c) es un cero a la izquierda
d) es coser y cantar

264. Yo sé que la emigración a Venezuela atraviesa un momento difícil, pero teniendo en cuenta cómo están aquí las cosas, no tengo más opción que .... e irme.

a) salirme por la tangente
b) liarme la manta a la cabeza
c) hacer leña del árbol caído
d) dar palos de ciego

265. Para evitar que los niños se enteraran de la conversación, Toño le dijo a su mujer: «Cuidado, que ....»

a) no es moco de pavo
b) no tiene pies ni cabeza
c) hay ropa tendida
d) tiene trastienda

266. María me había citado en el parque y, después de estar esperándola toda la tarde, me di cuenta de que ....

a) había tirado piedras contra su propio tejado
b) se había ido por las ramas
c) me había engañado como a un chino
d) me había dado carta blanca

267. El fiscal general del Estado parece estar decidido esta vez a .... en este asunto. Ya era hora de que estas cosas no continuaran quedando en la más absoluta impunidad.

a) nadar y guardar la ropa
b) irse de la lengua
c) perder los estribos
d) tirar de la manta

268. No me extraña esa actitud egoísta de María, pues ya se sabe que ella siempre ....

a) tira de la manta
b) va a lo suyo
c) hace de tripas corazón
d) echa la casa por la ventana

269. Los habitantes de esta ciudad están que ...., pues han tenido que pagar muchos más impuestos que los que viven en la capital de la nación.
a) se lavan las manos
b) dan palos de ciego
c) no sientan la cabeza
d) echan chispas

270. Hasta que no se promulgue la nueva normativa sobre contratación laboral, todos ...., y, por lo tanto, no puedo darle más información por el momento.
a) estamos en mantillas
b) echamos leña al fuego
c) nos vamos por los cerros de Úbeda
d) damos gato por liebre

271. A pesar de la crisis, el negocio de Pedro ....; todos los días hace una caja de 50.000 pesetas y los fines de semana aún más.
a) va viento en popa
b) tiene buen saque
c) va manga por hombro
d) hace agua

272. La madre de Germán es una maniática de la limpieza. Le gusta tener siempre la casa ....
a) a paso de tortuga
b) como los chorros del oro
c) a capa y espada
d) como alma que lleva el diablo

273. El Gobierno prepara .... el proyecto de ley sobre reforma de la Seguridad Social, ya que pretende enviarlo al Parlamento antes de que finalice la actual legislatura.
a) a trancas y barrancas
b) a salto de mata
c) a marchas forzadas
d) a la larga

274. A pesar de la crisis, el negocio de mis tíos ....; todos los días hacen una caja de 100.000 pesetas, y los fines de semana aún más.
a) está por los suelos
b) da mala espina
c) va sobre ruedas
d) trae cola

275. El jefe solía entrar tan ridículamente arrogante en la oficina, que, cuando aquella mañana tropezó y se dio de bruces contra el suelo, todo el mundo .... en lugar de ayudarle a levantarse.
a) estuvo como una cabra
b) estuvo en la brecha
c) soltó el chorro
d) estuvo en el candelero

276. A. La apariencia bondadosa y carente de toda doblez fue lo que me engañó de Juan.
B. ¡Bastante que te lo advertí!: Ten cuidado porque ése ....
a) aguanta carros y carretas
b) las mata callando

c) hace de su capa un sayo
d) hace leña del árbol caído

277. El mar estaba muy embravecido y los dos nadadores .... tratando de socorrer a los náufragos.
a) se rasgaron las vestiduras
b) se jugaron el tipo
c) echaron las campanas al vuelo
d) echaron una cana al aire

278. Mientras estuvo cortejándola, Bernardo toleraba hasta el más indignante capricho de su novia. Después de casados, sin embargo, bastaba el descuido más insignificante para ....
a) meterse en camisa de once varas
b) echarle un capote
c) ponerla como chupa de dómine
d) aguantar carros y carretas

279. A veces la tranquilidad es consecuencia de la desinformación. Luis, por ejemplo, siempre habla en términos elogiosos de su mujer. Y es que el pobre ....
a) se rasga las vestiduras
b) se mete en camisa de once varas
c) hila muy fino
d) no sabe de la misa la media/mitad

280. Creo que hoy ...., pues todo me está saliendo bien.
a) me he dormido en los laureles
b) me he levantado con el pie derecho
c) he puesto el grito en el cielo
d) he guardado la línea

281. Me encontraba ya tan agobiado por las deudas, que aquel premio de un millón que gané en la lotería me vino ....
a) como caído del cielo
b) como alma que lleva el diablo
c) como Pedro por su casa
d) como si tal cosa

282. Ha sido la imprudencia del vecino de al lado lo que ha hecho que mi casa se inunde. Ahora, como siempre, seré yo el que ....
a) eche la casa por la ventana
b) esté en el candelero
c) cargue con el mochuelo
d) ponga puertas al campo

283. Hoy todo me ha salido mal, y para colmo ahora no encuentro las llaves. ¡..........................!
a) Menos mal
b) Lo que me faltaba para el duro
c) A las tantas
d) A pedir de boca

284. Que usted no acuda a trabajar porque no le da la gana, pase. Pero que encima pretenda cobrar, eso ya ....
a) pone el carro delante de las mulas
b) saca las castañas del fuego

c) pone el cascabel al gato
d) clama al cielo

285. El director del colegio —que tomó personalmente la medida— quiso quitarle hierro al asunto en la reunión del claustro. Sin embargo, a nadie se le esconde que expulsar a diez alumnos al mismo tiempo ....

a) da de sí
b) echa las campanas al vuelo
c) echa la casa por la ventana
d) no es moco de pavo

286. Nada más llegar a la plaza de España, encontré un sitio para aparcar el coche. Fue lo que se dice ....

a) dormirse en los laureles
b) lo que faltaba para el duro
c) buscarle tres pies al gato
d) llegar y besar el santo

287. En la comisaría le dijeron que era muy difícil recuperar las joyas que le habían robado, pero ella no se desanimó y .... al fin pudo encontrarlas.

a) perdiendo la chaveta
b) removiendo el cielo y la tierra
c) yéndose por los cerros de Úbeda
d) perdiendo los papeles

288. Esta imprevista paga extraordinaria me ha venido .... para liquidar algunas deudas pendientes.

a) de mal en peor
b) a tontas y a locas
c) de perilla
d) de padre y señor mío

289. Al jefe le gusta que las cosas se hagan como él quiere, y se enfada cuando alguien ....

a) le pisa los talones
b) le lleva la contraria
c) no pega ojo
d) le lleva la corriente

290. El profesor de matemáticas había sido un hueso duro de roer. Por eso todos los estudiantes .... cuando éste se jubiló.

a) ataron cabos
b) cambiaron de chaqueta
c) echaban chispas
d) vieron los cielos abiertos

291. Julio, a quien tenía por una persona más íntegra, me ha decepcionado con su indiscreción; así que en adelante no tendré otro remedio que ....

a) dar el brazo a torcer
b) pagarle con la misma moneda
c) nadar y guardar la ropa
d) meterme en camisa de once varas

292. Quien realmente .... en la casa es la mujer; Pedro no hace sino lo que ella quiere.

a) hace buenas migas
b) se queda a la luna de Valencia
c) no sabe de la misa la mitad
d) lleva las riendas

293. Hace tiempo que doña Juana quería cantarle las cuarenta a su yerno, por lo sinvergüenza y mentiroso que es. Así que, el otro día, cuando se lo tropezó en la calle, ...

a) se dio con un canto en los dientes
b) le dio la callada por respuesta
c) lo puso de vuelta y media
d) le hizo el caldo gordo

294. La policía .... después de observar en la zona un movimiento inusual de personas y vehículos.

a) se había puesto el mundo por montera
b) pagaba los platos rotos
c) no daba una a derechas
d) estaba con la mosca detrás de la oreja

295. Aunque la situación era muy tensa, el director de la prisión supo .... en todo momento, logrando así contener a los amotinados.

a) mantener el tipo
b) empinar el codo
c) estar mano sobre mano
d) darse bombo

296. Juan era un poco holgazán. Por eso, cuando entró de aprendiz en el taller, su padre le recomendó al mecánico que le ....

a) diera gato por liebre
b) sacara las castañas del fuego
c) apretara las clavijas
d) sacara fuerzas de flaqueza

297. Por los comentarios ponderativos que me había hecho, yo pensaba que la casa que Luis se había construido en el campo era toda una mansión. Mi decepción fue de órdago cuando vi que se trataba de un casucho ....

a) de mala muerte
b) de una pieza
c) de capa caída
d) de hito en hito

298. Aunque las negociaciones se presentaban llenas de dificultades, el presidente .... a todos los intervinientes, consiguiendo así lo que se proponía.

a) mandó a hacer gárgaras/echó un capote
b) llevó la contraria
c) dio la callada por respuesta
d) se metió en el bolsillo

299. Ante una situación tan catastrófica como la que me describes, estoy seguro de que cualquier empresario .... para evitar la bancarrota.

a) se agarraría a un clavo ardiendo
b) las cogería al vuelo
c) haría leña del árbol caído
d) daría en el clavo

300. ¡Ya estoy hasta el gorro de que, siempre que alguien comete un error en la fábrica, tenga yo que ....!

a) estar dejado de la mano de Dios
b) estar hecho una criatura
c) cargar con el muerto
d) guardar la línea

301. Como era muy tarde, me ofrecí a llevarla a casa en mi coche. Luego resultó que vivía a 40 kilómetros en un pueblo al que se llegaba por una carretera malísima y llena de curvas. Total, que eran las cinco de la mañana cuando me acosté completamente exhausto y muerto de sueño. Eso me pasa por ....

a) andar por las ramas
b) echar el resto
c) meterme en camisa de once varas
d) cantar las cuarenta

302. La excursión de ayer fue desastrosa. Primero se nos pinchó una rueda en la carretera y después, para ...., cuando estábamos comiendo en la hierba, cayó un diluvio que nos dejó empapados a todos.

a) tomar cartas en el asunto
b) poner las cartas boca arriba
c) remachar el clavo
d) dar ejemplo

303. Si no prestas atención y no dejas de ...., todo mi esfuerzo para que entiendas esta lección será inútil.

a) echar leña al fuego
b) llegar y besar el santo
c) luchar a brazo partido
d) pensar en las musarañas

304. Si tanto interés tienes en que cambien las cosas, debes dar la cara y exponer tu propuesta con toda claridad. Lo que no me parece bien es que intentes ....

a) nadar y guardar la ropa
b) echar las campanas al vuelo
c) hablar en cristiano
d) jugarte el tipo

305. El director del colegio tenía un aspecto tan saludable, que la noticia de su repentina muerte .... a todos los conocidos.

a) dejó clavados
b) paró el carro
c) hizo la cama
d) le negó el pan y la sal

306. Últimamente, debo de ...., porque cosa que emprendo, cosa que me sale mal.

a) estar al pie del cañón
b) dar en el clavo
c) tener la negra
d) jugarme el todo por el todo

307. Es un tipo muy testarudo. Lo invité varias veces a que desistiera de su empeño, pero no conseguí convencerlo ....

a) de uvas a peras

b) a la buena de Dios
c) de una pieza
d) ni a la de tres

308. A. ¿Te acuerdas de aquel muchacho de Murcia que conocimos en Cartagena haciendo el servicio militar?
B. Sí, Luis Gómez. ¿Por qué me lo recuerdas ahora?
A. Pues porque me enteré de que había muerto de tanto ....
a) dar palos de ciego
b) empinar el codo
c) hacerse el loco
d) ponerse el mundo por montera

309. Unas veces porque no atienden lo debido y otras porque ...., lo cierto es que el rendimiento de estos alumnos deja mucho que desear.
a) se llevan el gato al agua
b) hacen novillos
c) nadan y guardan la ropa
d) hacen de su capa un sayo

310. Esta historia que me cuentas es demasiado fantástica para ser cierta. Yo ....
a) no comulgo con ruedas de molino
b) me meto en camisas de once varas
c) me pillo los dedos
d) pongo tierra por medio

311. No sé cómo pude soportar a aquella enfermera tan parlanchina. Cuando pegaba la hebra ....
a) removía el cielo y la tierra
b) aguantaba carros y carretas
c) se agarraba a un clavo ardiendo
d) hablaba hasta por los codos

312. Jamás comprenderé la falta de criterio de Luisa: lo mismo te descalifica hasta más no poder, que ....
a) te pone por las nubes
b) te pone como chupa de dómine
c) te da calabazas
d) te saca las castañas del fuego

313. El pobre infeliz, a pesar de que se las echa de donjuán, ...
a) no se come un rosco
b) no se anda por las ramas
c) las coge al vuelo
d) no tiene pelos en la lengua

314. Como era de esperar, ayer despidieron a Juan del trabajo. Todos sabíamos que sus frecuentes enfrentamientos con el encargado iban a ....
a) estar en la brecha
b) traer cola
c) escurrir el bulto
d) hacer la comedia

315. A pesar de que les he dicho mil veces a los alumnos que la clave para no cometer faltas de ortografía está en la lectura, éstos siguen recibiendo la recomendación ....

a) por pitos o flautas
b) tirando la casa por la ventana
c) como quien oye llover
d) frotándose las manos

316. El estafador pensaba que podría engañar fácilmente al pequeño Carlos, pero éste le espetó: «No creas que ...., ¿sabes?»

a) me ando con rodeos
b) me chupo el dedo
c) me duelen prendas
d) no doy golpe

317. Mi hermana y su novio tienen un gusto muy peculiar, pues se han comprado unos muebles que, en esa casa, ...

a) dan de sí
b) crecen como la espuma
c) saltan a la vista
d) no pegan ni con cola

318. A muchas mujeres lo que les gusta es que .... con requiebros. Si no, no hay nada que hacer.

a) les den gato por liebre
b) las pongan como chupa de dómine
c) les regalen los oídos
d) les hagan el vacío

319. Es inútil discutir con Ricardo: es tan terco que cuando se le mete una cosa en la cabeza, ... y entonces hay que hacer las cosas como él quiere.

a) no da su brazo a torcer
b) no se come un rosco
c) no tiene pelos en la lengua
d) se lía la manta a la cabeza

320. Isabel tuvo una vida bastante regalada hasta los veinte años. Esto la había convertido en una jovencita optimista que .... Luego murió su padre y empezó a ver la realidad de forma distinta.

a) lo veía todo de color de rosa
b) se salía por peteneras
c) jugaba con fuego
d) hablaba en cristiano

321. Contados los asistentes a la manifestación ...., calculo que habría unos 5.000.

a) a empellones
b) a ojo de buen cubero
c) sin ton ni son
d) a la chita callando

322. Fue una discusión muy acalorada y por un momento parecía que iba a terminar a tortas. Afortunadamente ...., y al final los dos participantes se estrecharon la mano.

a) se pusieron las botas
b) hubo gato encerrado
c) se hicieron de rogar
d) no llegó la sangre al río

323. La dependienta de la librería de la esquina era tan tímida, que bastaba con que alguien la mirara a los ojos para ....

a) ponerse de mil colores
b) dar la cara
c) hacer castillos en el aire
d) dar en el clavo

324. Adquirir un chalé en las afueras, por modesto que sea, ... Y eso que las empresas constructoras dan hasta 20 años para pagarlo.

a) es harina de otro costal
b) viene a cuento
c) saca de quicio (a cualquiera)
d) cuesta un ojo de la cara

325. Aunque no escribe mal, la verdad es que no se puede comparar con Fernández del Canto. Como novelista, ...

a) brilla por su ausencia
b) no le llega a la suela de los zapatos
c) cierra filas
d) toma el rábano por las hojas

326. Todas las tardes se sentaba aquel viejo verde en la esquina del Instituto a lanzar piropos .... a las jovencitas que salían de clase.

a) a pies juntillas
b) subidos de color/tono
c) de capa caída
d) como los chorros del oro

327. El avión despegó como una auténtica exhalación y .... desapareció en el horizonte.

a) a trancas y barrancas
b) a brazo partido
c) en un abrir y cerrar de ojos
d) a pierna suelta

328. El gerente tiene tal susto encima, que ....

a) se le hace la boca agua
b) no le llega la camisa al cuerpo
c) se pone las botas
d) está de bote en bote

329. Benito tiene una memoria prodigiosa. Es capaz de retener poemas enteros de dos o tres mil versos ....

a) sin faltar una coma
b) sin comerlo ni beberlo
c) a disgusto
d) a la desesperada

330. Adrián no comprendía por qué sus nuevos compañeros de trabajo .... ¡Él, que siempre se había preciado de tener un espíritu conciliador y amistoso!

a) echaban la casa por la ventana
b) andaban con pies de plomo
c) echaban las campanas al vuelo
d) lo tenían entre ojos

331. En vano insistirás en que te digan el nombre de la persona que descubrió el secreto, pues están dispuestos a ....

a) dorarle la píldora
b) levantar cabeza
c) no soltar prenda
d) dar gato por liebre

332. El delantero centro se dejó caer al suelo con la intención de que el árbitro pitara *penalty*. Pero éste se dio cuenta de que aquél .... y le sacó la tarjeta roja.

a) daba en el clavo
b) no daba el brazo a torcer
c) hacía la comedia
d) tenía la sartén por el mango

333. Algunos escaparates presentan las cosas de una forma tan atractiva, que, la verdad, ...

a) se le caen a uno los anillos
b) se le van a uno los ojos
c) ve uno los cielos abiertos
d) se le encoge a uno el corazón

334. El hecho de que María .... cuando dice las cosas, sé que molesta a muchas personas.

a) pague los vidrios rotos
b) toque todos los resortes
c) no tenga pelos en la lengua
d) se quede en agua de borrajas

335. La mala racha de los negocios sacaba de quicio a Daniel, que descargaba su indignación cuando llegaba a casa. Así, su esposa era la que, ..., pagaba los platos rotos.

a) como alma que lleva el diablo
b) sin comerlo ni beberlo
c) remachando el clavo
d) viendo los cielos abiertos

336. Antonio, cuando se ponía cariñoso, siempre le dirigía a su mujer el mismo requiebro: te quiero ....

a) como quien oye llover
b) como las propias rosas
c) como a las niñas de mis ojos
d) como los chorros del oro

337. La política de no dependencia que siguen algunos países europeos .... por las grandes potencias, ya que va en perjuicio de los intereses de estas últimas.

a) pasa de castaño oscuro
b) no tiene vuelta de hoja
c) no es vista con buenos ojos
d) se da mucho bombo

338. A. No sé cómo Pedro pudo aguantar tanto tiempo trabajando con ese tacaño de Ernesto.

B. ¿Por qué? ¿Le pagaba poco?

A. Sí, solamente ....

a) lo comido por lo servido

b) daba el brazo a torcer
c) las mataba callando
d) hacía la vista gorda

339. ¡Últimamente es que no gano para contrariedades! Anoche, sin ir más lejos, un dolor de muelas hizo que .... hasta la madrugada.
a) me rasgase las vestiduras
b) me cubriera las espaldas
c) no soltara prenda
d) no pegara ojo

340. No estoy seguro de que actúen correctamente. La decisión de subir los precios sin que haya habido una explicación previa ....
a) da de sí
b) huele a cuerno quemado
c) no le llega a la suela de los zapatos
d) brilla por su ausencia

341. Hasta hace unos años mi tío era el alma del sindicato de funcionarios, pero, después de que murió su mujer, ... y no quiere saber nada de nadie.
a) volvió a la carga
b) se metió en su concha
c) le puso el cascabel al gato
d) habló por los codos

342. Dados los varios intentos de fuga que aquel preso había protagonizado, los policías que lo trasladaban al hospital penitenciario ....
a) no le quitaban el ojo de encima
b) hacían la vista gorda
c) lo echaban todo por la borda
d) sentaban la cabeza

343. Ocurre muy a menudo que los que menos culpa tienen son los que ....
a) barren para adentro
b) buscan tres pies al gato
c) pagan el pato
d) arriman el ascua a su sardina

344. El nuevo alcalde parecía una mosquita muerta cuando llegó, pero después de que ordenara inesperadamente el incremento de las contribuciones en un cien por cien, nos dimos cuenta de que en realidad ....
a) vio los cielos abiertos
b) estaba como una seda
c) echaba la casa por la ventana
d) tenía más conchas que un galápago

345. Los dos cacos, nada más entrar en el establecimiento, ... a dos cámaras fotográficas del último modelo.
a) dieron por sentado
b) echaron el ojo
c) guardaron las distancias
d) abrieron la mano

346. Los compañeros de Pedro se largaron después del incidente y, como siempre, le tocó a él ....

a) dar calabazas
b) dormirse en los laureles
c) echar leña al fuego
d) pagar los vidrios rotos

347. Rafael no pudo pegar ojo en toda la noche porque sabía que había sido injusto al no dejar ir a su hija de excursión y ....

a) le remordía la conciencia
b) se le caía la baba
c) estaba en el candelero
d) se le ponía la carne de gallina

348. A pesar de la apariencia despistada e ingenua de Rafael, te aseguro que es de los que ....

a) tiran la casa por la ventana
b) están al pie del cañón
c) se meten por el ojo de una aguja
d) no dan gato por liebre

349. «Esto ....», dijo la madre cuando vio que los tres niños estaban jugando al fútbol en su dormitorio.

a) rompe el hielo
b) va sobre ruedas
c) está tirado
d) pasa de castaño oscuro

350. La información que nos proporcionó la funcionaria del ayuntamiento era bastante amplia y precisa. Se ve que hablaba ....

a) a la desesperada
b) a pedir de boca
c) con conocimiento de causa
d) de buenas a primeras

351. Ante un viaje tan largo y con el tiempo infernal que hace, a cualquiera .... cuando tiene que subirse al barco.

a) le importa un bledo
b) lo miran por encima del hombro
c) le dan gato por liebre
d) se le encoge el ombligo

352. Mi amigo odiaba el sistema de «oposiciones», pero como aspiraba a un puesto seguro en la Administración, al final tuvo que .... y preparar el programa que le exigían.

a) ponerse las botas
b) pasar por el aro
c) escurrir el bulto
d) soltarse la cabellera

353. Carmen era muy reservada en sus problemas familiares, pero aquella tarde debió de sentirse tan atormentada, que nos dijo, ..., que tenía ganas de separarse de su marido.

a) sin comerlo ni beberlo
b) con el corazón en la mano
c) a pedir de boca
d) a capa y espada

354. El director, antes de tener estos problemas familiares, era una persona encantadora. Ahora, en cambio, el mero hecho de discrepar con él ....

a) le trae sin cuidado
b) hace de su capa un sayo
c) le pone los nervios de punta
d) le pone la carne de gallina

355. Cuando se enteró de que el novio se había portado tan mal con su hija, doña Juana, hecha una fiera, lo llamó por teléfono y ....

a) le tomó el pelo
b) le hizo la rosca
c) lo puso de vuelta y media
d) se le fue el santo al cielo

356. Cuando nos asomamos a aquel precipicio casi sin fondo ....

a) se nos cayó la baba
b) nos calentamos los cascos
c) se nos fue el santo al cielo
d) se nos encogió el corazón

357. Le advertí varias veces que se informara de la calaña de ese chico, ya que corrían rumores que no dejaban bien parada su reputación. Pues bien, no sólo no me hizo caso, sino que, además, le pareció mal que se lo dijera. Y es que la pobre ....

a) pone el carro delante de las mulas
b) no ve más allá de sus narices
c) se cubre de gloria
d) arrima el ascua a su sardina

358. Hace tiempo que el señor Martínez se venía arrogando competencias que no le correspondían, por lo cual el jefe decidió leerle la cartilla y ....

a) hacerle la rosca
b) ponerlo en su sitio
c) ponerle los cuernos
d) llevarle la corriente

359. El niño pedía desesperado algo de comer, y a su madre .... por no tener ni un trozo de pan que ofrecerle.

a) se le iba el santo al cielo
b) se le partía el corazón
c) se le caía la baba
d) se le ponía la carne de gallina

360. Que fume en mi ausencia me trae sin cuidado; pero que lo haga ...., sabiendo, además, que soy alérgico al tabaco, es algo que no puedo consentir.

a) a trancas y barrancas
b) a regañadientes
c) a la larga
d) en mis propias narices

361. Aunque no es aconsejable creer a pies juntillas todo lo que dicen los políticos, cuando se trata de promesas que hace este alcalde nadie ...., sencillamente porque siempre las cumple.

a) se pilla los dedos
b) las pone en tela de juicio

c) da gato por liebre
d) hace buenas migas

362. Rosa rompió con su novio porque ya .... de aguantarle su mal humor.
a) se ponía las botas
b) estaba en la brecha
c) echaba las campanas al vuelo
d) estaba hasta la coronilla

363. Cuanto más y mejor proyecto mis viajes al extranjero, peor me salen. Por eso, esta vez me marcho a Londres ....
a) como quien oye llover
b) a partir un riñón
c) a la buena de Dios
d) como Pedro por su casa

364. La chica estaba ya al borde de la histeria, por lo que su madre decidió .... y llamar a su novio para aclarar la situación.
a) remachar el clavo
b) poner tierra por medio
c) tomar cartas en el asunto
d) andarse por las ramas

365. A pesar de que sus amigos le gastaban bromas pesadas, Antonio no se enfadaba nunca con ellos: .... para aguantar sus chanzas.
a) tenía correa
b) estaba en el candelero
c) les plantaba cara
d) volvía a la carga

366. Después de la larga perorata, el director del colegio concluyó diciéndoles lo siguiente: con los alumnos más jóvenes es conveniente .... Lo contrario conduce casi siempre a la pérdida del debido respeto.
a) nadar y guardar la ropa
b) echar las campanas al vuelo
c) perder los papeles
d) guardar las distancias

367. Es un profesor extraordinario. Con sólo asistir a sus clases aprenderás inglés ....
a) por un tubo
b) a quemarropa
c) de uvas a peras
d) ni a la de tres

368. Como eran tan perezosos, ... y votaron sin tener en cuenta el alcance de las decisiones que se iban a tomar.
a) se dejaron llevar por la corriente
b) nadaron y guardaron la ropa
c) se quedaron cortos
d) dieron palos de ciego

369. A pesar de los pronósticos, y gracias a que todos los jugadores ...., la eliminatoria se resolvió favorablemente para nuestros colores. Aún no me lo creo.
a) hicieron la vista gorda

b) no dieron pie con bola
c) dieron el do de pecho
d) se rasgaron las vestiduras

370. En realidad, no ha salido muy cara la cena. Me parece que tocamos a 150 pesetas ....

a) por narices
b) al contado
c) por barba
d) de gorra

371. Después de oír cortésmente las súplicas laborales de aquel aspirante a trabajador de la empresa Hierros Industriales, el presidente del Consejo de Administración le dijo que, ..., no podía complacerlo en su petición.

a) entre bromas y veras
b) a duras penas
c) a las mil maravillas
d) con gran dolor de su corazón

372. Ya se ha comprometido a no hacer más concesiones; está .... que intentes disuadirlo, pues lo conozco muy bien y no va a cambiar de actitud.

a) por si las moscas
b) por demás
c) como si tal cosa
d) subido de color

373. Lo que más me fastidia es que por un traje .... como éste me hayan cobrado este dineral.

a) a la larga
b) de perilla
c) de punta en blanco
d) corriente y moliente

374. El dueño del establecimiento, en un tono claramente recriminatorio, le advirtió al nuevo dependiente que, después de tantos años mimando a la clientela, no estaba dispuesto a que su falta de cortesía para con el público ....

a) le diera calabazas
b) lo echara todo a rodar
c) no diera golpe
d) lo pusiera como chupa de dómine

375. Tengo que meditar bien las cosas antes de tomar una decisión, ya que no me gustaría .... en este asunto.

a) pillarme los dedos
b) romper el hielo
c) cubrirme las espaldas
d) poner los puntos sobre las íes

376. Ricardo, como no podía con su mujer, la cual tenía un carácter bastante agrio, ... Y es que estaba decidido a resignarse.

a) se dejaba llevar por la corriente
b) no pegaba ni con cola
c) tenía más conchas que un galápago
d) comulgaba con ruedas de molino

377. Nunca le había visto una interpretación tan lucida. La verdad es que ha sido ....

a) a salto de mata
b) de las que hacen época
c) de las que las matan callando
d) a la chita callando

378. La cena tiene que servirse a las nueve en punto, así que si no nos damos prisa ...., porque sólo falta media hora.

a) echamos el resto
b) se nos hace la boca agua
c) nos va a pillar el toro
d) nos ponemos las botas

379. Como Juan sabía que enfadarse por las bromas de sus amigos era contraproducente ....

a) estaba en sus cabales
b) se dejaba llevar por la corriente
c) estaba como una cabra
d) echaba las campanas al vuelo

380. Enrique y yo nos conocemos desde la infancia. Por eso, a pesar de las muchas jugadas que me ha hecho, yo no soy capaz de .... en este trance difícil.

a) hacer leña del árbol caído
b) hacer de tripas corazón
c) luchar a brazo partido
d) volverle la espalda

381. Teníamos grandes proyectos para viajar por Europa el verano pasado, pero, al final, todo .... y no salimos a ninguna parte.

a) hizo tilín
b) se quedó en agua de borrajas
c) salió por la tangente
d) olía a cuerno quemado

382. La crisis en su pequeña empresa le estaba produciendo tales quebraderos de cabeza, que decidió .... y cerrarla.

a) cortar por lo sano
b) estar hasta la coronilla
c) dar en el clavo
d) perder la chaveta

383. Juan, de quien no esperaba tal cosa; me ha sorprendido con una jugada de las que hacen época; ahora bien, yo no estaré tranquilo hasta que no ....

a) siga al pie del cañón
b) hile muy fino
c) me saque esa espina
d) eche la casa por la ventana

384. ¡La verdad es que .... no invitando más que a las personas de las que creen poder sacar algún provecho!

a) se dieron bombo
b) hicieron buenas migas
c) quedaron a la altura del betún

d) pusieron el grito en el cielo

385. Creo que Ana no le gustaba verdaderamente a José Luis, pues, cuando se enteró de que el padre de la muchacha estaba en la ruina, dejó de ....

a) hacerle la corte
b) escurrir el bulto
c) cambiar de chaqueta
d) echar chispas

386. En fechas electorales, es lógico que los roces entre los partidos políticos ....

a) cierren filas
b) se metan en camisa de once varas
c) crezcan como la espuma
d) tiren de la manta

387. Es una persona que no da golpe. Lo único que hace es .... todo el día y, claro, dice que se aburre mucho. ¡No es de extrañar!

a) rascarse la barriga
b) pegar la hebra
c) comerle a uno el coco
d) no soltar prenda

388. Aquel funcionario del ayuntamiento era tan grosero con las mujeres, que, a pesar de que los insultos de la anciana habían sido muy fuertes, ésta ....

a) le sacó las castañas del fuego
b) se quedó corta
c) hizo castillos en el aire
d) era un cero a la izquierda

389. A Luis, que está pasando por un mal momento, hay que echarle una mano. No se puede .... a alguien con quien uno ha tenido y tiene tan buenos lazos de amistad.

a) echarle un cable/un capote
b) sacar de quicio
c) dar abasto
d) dejar en la estacada

390. Manolo es una de esas personas que raramente hacen regalos a sus amigos, pues le cuesta mucho ....

a) rascarse el bolsillo
b) chupar rueda
c) montar el número
d) ponerse a tono

391. Me encomiaron tanto la obra de teatro del domingo, que decidí ir a verla. Luego resultó que ....

a) no era nada del otro jueves
b) se llevó el gato al agua
c) estaba al pie del cañón
d) había moros en la costa

392. Con la gente que tiene verdadero entusiasmo por el trabajo me siento plenamente identificada. Te diré más: detesto a quien hace las cosas para ....

a) cubrir el expediente
b) perder los estribos
c) no tener pelos en la lengua

d) no dejar títere con cabeza

393. Tu padre está muy anticuado. El hecho de que la actriz aparezca desnuda, porque la escena así lo exige, no me parece motivo suficiente para .... y presentar una denuncia por escándalo público.

a) dormirse en los laureles
b) jugarse el tipo
c) dar sopa con ondas
d) rasgarse las vestiduras

394. Aunque parecía que Celestino ayudaba desinteresadamente a mi tío en el comercio, en realidad lo que buscaba era quedarse con el negocio ....

a) a pierna suelta
b) como quien no quiere la cosa
c) como alma que lleva el diablo
d) con la boca abierta

395. A pesar de que la recuperación económica es un proceso muy lento y sujeto a muchos imponderables, la verdad es que en el horizonte hay algunos indicadores que nos dicen que, poco a poco, vamos ....

a) hilando muy fino
b) cargando con el muerto
c) saliendo a flote
d) jugándonos el todo por el todo

396. Después de emplear palabras muy duras, el conferenciante se dio cuenta de que había ido demasiado lejos en su crítica y decidió ....

a) pillarse los dedos
b) recoger velas
c) buscarle tres pies al gato
d) llevar el agua a su molino

397. Mi tía María le dio un tirón de orejas a mi primo delante de nosotros, pero como éste estaba acostumbrado a eso, se quedó ....

a) como si tal cosa
b) a paso de tortuga
c) a la desesperada
d) a pedir de boca

398. Es un secreto a voces que el gobernador y su mujer no se llevan nada bien. Sin embargo, en los actos públicos siguen .... ¿Por cuánto tiempo?

a) nadando y guardando la ropa
b) rompiendo el fuego
c) guardando las formas
d) agarrándose a un clavo ardiendo

399. Lo peor es que nadie va a ...., porque nadie quiere comprometerse.

a) sacarte las castañas del fuego
b) rasgarse las vestiduras
c) curarse en salud
d) dar por descontado

400. La discusión que tuve con el capataz me dejó tan nervioso, que ya .... en toda la tarde.

a) le puse el cascabel al gato

b) hice castillos en el aire
c) no hice nada a derechas
d) vi los cielos abiertos

401. De sobra sé que la situación no es nada favorable para los emigrantes españoles. No obstante, estoy decidido a .... yéndome a pasar unos años en ese país.

a) probar fortuna
b) abrir la mano
c) romper el hielo
d) no dejar títere con cabeza

402. El cliente estaba indeciso, pero la dependienta lo convenció diciéndole que aunque se comprase el abrigo en esta época del año, aún podía ...., pues el frío iba a continuar durante bastante tiempo.

a) hacer de tripas corazón
b) cortar el bacalao
c) estar con la soga al cuello
d) sacarle mucho partido

403. No te preocupes, Miguel, que nos tocó hacer el ejercicio más fácil de todos. Ya verás cómo esto ....

a) echa chispas
b) está por los suelos
c) remuerde la conciencia
d) es coser y cantar

404. A mí no me importa .... de la Asociación para la Lucha contra la Contaminación Acústica (ALCA). Pero que quede claro: estoy dispuesto a ello si trabajamos todos por igual.

a) dar por descontado
b) jugar con fuego
c) poner/echar toda la carne en el asador
d) ponerme al frente

405. Pedro insistió tanto en que lo dejasen ir a Inglaterra, que al final .... y pudo ver cumplidos sus deseos.

a) hizo la vista gorda
b) se dio mucho bombo
c) echó leña al fuego
d) se salió con la suya

406. Hacía mucho tiempo que Roberto me tenía entre ojos. Por eso aprovechó que aquella tarde se había tomado unas copas para ....

a) buscarme las cosquillas
b) poner el carro delante de las mulas
c) aguantar carros y carretas
d) hacer castillos en el aire

407. Cuando me contaron los pormenores del asesinato, ... No podía dar crédito a tales atrocidades. Máxime, tratándose de una persona que yo creía conocer bien.

a) jugué con fuego
b) me agarré a un clavo ardiendo
c) me quedé frío
d) nadé entre dos aguas

408. No quisimos hacer el viaje en avión creyendo que así podríamos ahorrar algún dinero, pero ...., porque al final gastamos el doble.

a) nos salió el tiro por la culata
b) ahuecamos el ala
c) echamos leña al fuego
d) no llegó la sangre al río

409. Desde que la empresa advirtió a sus empleados que, debido a la crisis, podrían quedarse sin trabajo en breve, éstos están que ....

a) no se comen un rosco
b) no les llega la camisa al cuerpo
c) se les cae la baba
d) ven las estrellas

410. A. Confieso que Matías me engañó. Su declarado antimachismo me dejó fascinada al principio. Ahora, en cambio, sé que es como todos: mucho hablar, pero ....

B. Te lo advertí repetidas veces: ¡no te fíes!

a) está a la que salta
b) se les va el santo al cielo
c) se ponen el mundo por montera
d) se les va toda la fuerza por la boca

411. Cuando le preguntaron si España debía integrarse o no en la OTAN, él .... con una larga respuesta en la que se refirió a los grandes logros que se habían obtenido durante los últimos años.

a) se salió por la tangente
b) se le hizo la boca agua
c) puso los puntos sobre las íes
d) puso el dedo en la llaga

412. No es que me alegre de que hayan humillado a Pedro en el colegio, pero se puso tan insolente con el profesor que se merecía que ....

a) le dieran en la cresta
b) le hicieran la corte
c) le pusieran toda la carne en el asador
d) le llevaran el gato al agua

413. Pese al gran ritmo del juego durante los primeros 90 minutos, la obsesión por el triunfo y un pundonor varias veces demostrado hicieron que, en la prórroga, nuestros jugadores ....

a) dieran gato por liebre
b) sacaran fuerzas de flaqueza
c) mataran la gallina de los huevos de oro
d) fueran directamente al grano

414. Su socio le ...., pues no sólo lo engañó incumpliendo lo que había prometido, sino que, para colmo, se quedó con la mayor parte de los beneficios.

a) ha hecho tilín
b) ha puesto de vuelta y media
c) ha soltado el rollo
d) ha salido rana

415. Mi contertulio .... de un estilo campanudo y grandilocuente, que, la verdad, resultaba un poco ridículo en aquel contexto. Y es que, caray, hay que ser más oportuno.

a) andaba a la greña
b) echaba el guante
c) hacía gala
d) miraba por encima del hombro

416. A pesar de que la cuestión no tenía vuelta de hoja, él ...., diciendo que en Madrid hace más frío que en Estocolmo.
a) entraba por el aro
b) seguía en sus trece
c) cogía el toro por los cuernos
d) se curaba en salud

417. Espérame un minuto. Voy a por los niños y, ..., estoy de vuelta. ¿De acuerdo?
a) a tontas y a locas
b) por demás
c) como gallina en corral ajeno
d) en menos que canta un gallo

418. El profesor de historia ...., pues está siempre de la Ceca a la Meca: no pasa más de un año en cada sitio.
a) las coge al vuelo
b) anda de capa caída
c) guarda las distancias
d) es culo de mal asiento

419. Nuestro profesor de filosofía suele ser muy pedante, lo que hace bastante incomprensibles sus explicaciones, pero en la clase de ayer .... y pudimos enterarnos de toda la lección.
a) habló en cristiano
b) estaba en mantillas
c) nos dio la tabarra
d) se le encogió el ombligo

420. El fontanero me había engañado varias veces. Tantas, que hoy .... en plena calle y me lo he traído a casa para que me arreglara la avería. ¡Estas informalidades, sinceramente, me sacan de quicio!
a) le he echado el gancho
b) le he negado el pan y la sal
c) se ha metido en camisa de once varas
d) le he puesto el cascabel al gato

421. ¡Estamos hartos! A las ocho de la noche empiezan los ruidos y no cesan hasta las dos o las tres de la mañana. Eso ....
a) está tirado
b) es más el ruido que las nueces
c) es el pan nuestro de cada día
d) es harina de otro costal

422. Antonio es una persona a quien le gusta vestir bien, pero creo que se pasa de la raya, pues a todas partes va ....
a) a tocateja
b) de punta en blanco
c) por las buenas
d) a la larga

423. Desde que la empresa sufrió aquel revés económico, don Julián, su propietario, anda .... ¡Él, que siempre fue una persona tan equilibrada y comunicativa!

a) a pedir de boca
b) a la larga
c) al garete
d) como quien no quiere la cosa

424. No te preocupes, ya que .... El año pasado también los amenazaron con despedirlos si no cumplían el horario a rajatabla y ya ves que no pasó nada.

a) tiene muchas tablas
b) es más el ruido que las nueces
c) no le llega la camisa al cuerpo
d) hay ropa tendida

425. Tiene una mente tan fantasiosa, que no me queda otro remedio que .... todas las noticias que me cuenta.

a) poner en cuarentena
b) cortar por lo sano
c) pasar por el aro
d) dar por sentado

426. El despotismo del nuevo jefe de Juan era tan insoportable, que éste, en un irreprimible arranque de amor propio, ...

a) le enmendó la plana
b) lo mandó a hacer gárgaras
c) lo cogió con las manos en la masa
d) le doró la píldora

427. Antoñito .... de su padre: tiene los mismos ojos, la misma nariz y el mismo tipo.

a) es el vivo retrato
b) está a dos velas
c) nada y guarda la ropa
d) no suelta prenda

428. Otro gallo le hubiera cantado a Javier en el juicio si no se hubiera puesto en manos de un abogado ....

a) a carta cabal
b) de tres al cuarto
c) subido de color
d) de hoz y coz

429. En la autopista han puesto un puente para el paso de peatones, pues, dado que por ella pasan los coches ...., el riesgo de accidente era muy alto.

a) a paso de tortuga
b) de buen grado
c) a brazo partido
d) a todo gas

430. Para una persona normal, no es fácil tratar con tu cuñado, porque .... y nunca se sabe cómo va a reaccionar.

a) no da golpe
b) está como un tren
c) es muy suyo

d) tiene buen saque

431. Benito fue tan inoportuno, que, sin conocer a ninguno de los que estábamos en el corro, intentó .... en nuestra conversación.

a) meter cuchara
b) echar leña al fuego
c) echar las campanas al vuelo
d) cambiar de chaqueta

432. A. A mí los dulces de la pastelería La Exquisita me parecieron deliciosos. ¿Y a ti?
B. A mí también me ....

a) echaron una mano
b) pusieron a caer de un burro
c) echaron un capote
d) supieron a gloria

433. Margarita y Alicia se conocen desde hace tiempo y siempre van juntas a todas partes. Puede decirse que ....

a) están con la soga al cuello
b) no se andan con rodeos
c) andan con pies de plomo
d) son uña y carne

434. Mi hermana menor hizo novillos ayer por la tarde y, cuando llegó a casa por la noche, mi madre, que esta vez sí que se enteró ....

a) no hizo nada a derechas
b) se puso de mil colores
c) le ajustó las cuentas
d) remachó el clavo

435. Los dirigentes sindicales de la empresa no .... y se han mostrado dispuestos a admitir la parte de responsabilidad que corresponde a los trabajadores en el desencadenamiento de los hechos.

a) han hecho nada a derechas
b) han escurrido el bulto
c) han dado el golpe
d) han dado el brazo a torcer

436. No quiero cerrar el vuelo hasta saber si puedo marcharme o no ese día. A mí siempre me gusta actuar ....

a) a ciegas
b) sobre seguro
c) a tontas y a locas
d) sin ton ni son

437. Yo no sabía que Juan estaba divorciado. Por eso metí varias veces la pata, hasta que ....

a) caí en la cuenta
b) eché la casa por la ventana
c) maté la gallina de los huevos de oro
d) me di un tute

438. A los niños no conviene .... De lo contrario, se suelen convertir de mayores en personas engreídas y repelentes. Al menos eso es lo que dicen ciertas teorías.

a) dejarlos en la estacada

b) tirarles de la lengua
c) reírles las gracias
d) ponerlos de vuelta y media

439. Si el jefe te sugiere ir a comer, no esperes que ...., pues es muy tacaño.
a) levante cabeza
b) te dé sopas con honda
c) cante las cuarenta
d) afloje la mosca

440. Una de las condiciones que menos me gustaron de las que puso el vendedor de discos es la de que los envíos se hacen .... del comprador.
a) por cuenta y riesgo
b) a pedir de boca
c) a bombo y platillo
d) a disgusto

441. Estoy convencido de que mi ejercicio fue mejor que el del otro aspirante que sacó la plaza. Sin embargo, se ve que mi contrincante .... a los miembros del tribunal.
a) mató dos pájaros de un tiro
b) hizo sombra
c) trajo de cabeza
d) les cayó en gracia

442. Carlos es un pesado. Ayer nos cogió por banda y .... contándonos sus penas.
a) nos dejó plantados
b) nos soltó el rollo
c) se echó atrás
d) ahuecó el ala

443. Como Pedro le dijo a Ignacio que no podía prestarle el dinero que le había pedido, éste, que no esperaba tal cosa de un amigo, le respondió que a partir de ese momento ....
a) no quería cuentas con él
b) estaría en la brecha
c) echaría una cabezada
d) echaría las campanas al vuelo

444. Contra todo pronóstico .... en aquella reunión de amigos. Y es que, está demostrado, cuanto más improvisas mejor salen las cosas.
a) nos calentamos los cascos
b) lo pasamos en grande
c) pusimos puertas al campo
d) fuimos de la Ceca a la Meca

445. Después de tomarse unas copas, ... y nos contó todos sus secretos más íntimos.
a) se le fue el santo al cielo
b) se soltó la cabellera
c) hizo la vista gorda
d) nos cogió con las manos en la masa

446. Mi abuela disparata ya un poco. Le preguntas cualquier cosa y te sale con respuestas que no ....
a) dan el brazo a torcer

b) echan toda la carne en el asador
c) vienen a cuento
d) aguantan carros y carretas

447. Cuando le concedieron la beca para estudiar en el extranjero, Encarna no se lo pensó dos veces. La verdad es que, a sus 25 años, ya estaba harta de .... de sus padres.
a) estar bajo la férula
b) poner toda la carne en el asador
c) echar leña al fuego
d) tirar de la manta

448. Las medidas recién aprobadas por el Gobierno eran necesarias para .... a los sindicatos y evitar que la situación empeorara.
a) tirar de la lengua
b) tener a raya
c) no ver con buenos ojos
d) dar en el clavo

449. Le dije que se comprara un piso donde vivir y que después se casara si quería. Sin embargo, él primero se casó y, claro, ahora tiene el problema de la vivienda. Como siempre, Ricardo ....
a) pone el carro delante de las mulas
b) no quiere cuentas con nadie
c) hace castillos en el aire
d) se mete a la gente en el bolsillo

450. Yo, que no entendía una palabra de francés, me sentía en aquella reunión ....
a) como Dios manda
b) como gallina en corral ajeno
c) como quien no quiere la cosa
d) como las propias rosas

451. Mi hijo menor no se contenta con un almuerzo ligero. Como todo joven, ..., y un solo plato es poco para él.
a) se cura en salud
b) está con la mosca detrás de la oreja
c) está a las duras y a las maduras
d) tiene buen saque

452. Aunque no te contesten a la primera instancia, no desfallezcas: .... hasta que accedan a tus peticiones.
a) sácale las castañas del fuego
b) te vas por los cerros de Úbeda
c) pierdes la chaveta
d) vuelve a la carga

453. Después de hacer aquellos interesantes cursos de informática, el empleo que me dieron en la sección de ordenadores del banco hizo que me sintiera ....
a) como quien oye llover
b) con cajas destempladas
c) como pez en el agua
d) a disgusto

454. No sólo aspira a tener un chalé en el campo, sino a comprarse un yate, una avioneta y varios coches deportivos. Y es que esta pobre chica ....

a) no comulga con ruedas de molino
b) no tiene vuelta de hoja
c) tiene la cabeza llena de pájaros
d) las coge al vuelo

455. Me extrañó bastante ver que existían serias discrepancias entre Ricardo y Andrés. Sobre todo teniendo en cuenta que hasta hace unos días ....

a) eran uña y carne
b) echaban las campanas al vuelo
c) no dieron el brazo a torcer
d) se ajustaron las cuentas

456. Aunque los niños .... hasta cierta edad, prefiero tenerlos a envidiar a los amigos que los tienen.

a) luchan a brazo partido
b) no pegan ni con cola
c) respiran por la herida
d) dan la lata

457. No cabe duda de que para tratar con niños difíciles hay que ....

a) rasgarse las vestiduras
b) estar a dos velas
c) tener buen saque
d) tener mano izquierda

458. Los jugadores tuvieron que .... para poder ganar el partido, pues estaba muy reñido.

a) cantarlas claras
b) leerle la cartilla
c) lavarse las manos
d) poner toda la carne en el asador

459. A mi jefe le molesta lo indecible que su esposa intente siempre .... con su llamativa forma de vestir. Y lo peor es que el pobre no sabe disimularlo.

a) dar la nota
b) pasar por el aro
c) volver por sus fueros
d) negarle el pan y la sal

460. El actor desempeñó su papel a las mil maravillas. Claro que no es de extrañar, pues ....

a) no tiene pelos en la lengua
b) tiene muchas tablas
c) anda con pies de plomo
d) hay gato encerrado

461. Ha vivido siempre tan hipócritamente, que ahora le cuesta ....

a) quitarse la careta
b) dejarse llevar por la corriente
c) quedarse corto
d) meterse en su concha

462. Le he dicho reiteradamente a mi jefe inmediato que le comente al director la posibilidad de un ascenso en el escalafón de la empresa, pero hasta ahora no ha hecho otra cosa que ....

a) sacarme las castañas del fuego
b) darle largas al asunto
c) comer la sopa boba
d) romper el hielo

463. No me fío de las personas que aparentan ser muy honestas pero que, en cambio, ...

a) llevan las riendas
b) tienen trastienda
c) buscan tres pies al gato
d) no dan el brazo a torcer

464. Te advierto que si juegas con nuestra amistad, eso te puede ....

a) poner de mil colores
b) costar caro
c) poner la carne de gallina
d) hacer la corte

465. «Hasta que no te sepas la lección ...., no te dejaré salir a jugar», le advertía su mamá a Enrique.

a) de cabo a rabo
b) a la desesperada
c) a ojo de buen cubero
d) como los chorros del oro

466. El único que te puede resolver ese asunto es Enrique, pues, por su cargo, ... en el Ministerio.

a) se da mucho bombo
b) se lía la manta a la cabeza
c) está con la mosca detrás de la oreja
d) tiene vara alta

467. Está tan enamorado de ella, que es capaz de ....

a) ponerse las botas
b) estar en la brecha
c) aguantar carros y carretas
d) darle calabazas

468. Ernesto, de natural soberbio, siempre le decía a su cuñado, cuando éste lo invitaba a echar una partida a las cartas, que no estaba dispuesto a perder el tiempo con jugadores ....

a) de los que hacen época
b) de padre y señor mío
c) de pacotilla
d) de perilla

469. Para conseguir ese trabajo es necesario tener amigos, además de una buena preparación. Por eso Pedro está decidido a .... antes de solicitar el puesto.

a) cantar las cuarenta
b) echar leña al fuego
c) tocar todos los resortes
d) hacerse de rogar

470. Sus bromas pesadas me tenían ya hasta la coronilla. Por eso tuve que ....

a) pararle el carro

b) poner el carro delante de las mulas
c) meterlo en el bolsillo
d) darle carta blanca

471. Un cigarro puro .... suele ser el aditamento frecuente de la imagen pública de muchos políticos actuales.

a) de tres al cuarto
b) de padre y muy señor mío
c) corriente y moliente
d) a carta cabal

472. Me parece que Pedro ha ...., pues yo no le he pedido que llegue todos los días 10 minutos antes de la hora, sino que procure no retrasarse tanto.

a) pegado la hebra
b) cortado el bacalao
c) comido la sopa boba
d) tomado el rábano por las hojas

473. Si quieres pasar la aduana sin que te revisen la maleta, solamente tienes que .... al policía.

a) untarle el carro
b) dar palos de ciego
c) leerle la cartilla
d) apretar las clavijas

474. Aunque nunca lo he visto en persona, lo conozco ...., pues todo el mundo habla de él últimamente.

a) a bombo y platillo
b) de oídas
c) de primera mano
d) a secas

475. Cuando el alcalde dijo que era peligroso acercarse al lugar del incendio, todos los vecinos .... Poco después ocurrió la tragedia.

a) se frotaron las manos
b) lo tomaron a risa
c) hicieron de tripas corazón
d) dieron la callada por respuesta

476. ¡Cómo te van a salir las cosas bien, si las haces ....!

a) a sabiendas
b) a la carrera
c) con la boca abierta
d) a bombo y platillo

477. Antes de comunicarles el despido a los trabajadores contratados, el jefe intentó .... diciéndoles que para la temporada siguiente esperaba contar nuevamente con su valiosa colaboración.

a) hacerles la contra
b) echarles una mano
c) dorarles la píldora
d) leerles la cartilla

478. No sé qué le habré hecho al profesor que .... Cada vez que me pregunta algo, me dice que soy una ignorante y que lo que debería hacer es casarme y dejar de estudiar.

a) se pilla los dedos
b) la ha tomado conmigo
c) anda de capa caída
d) está a la que salta

479. Aunque son niños muy dóciles y tranquilos, no te desentiendas totalmente de ellos, ...

a) por si las moscas
b) a pies juntillas
c) a ojo de buen cubero
d) a disgusto

480. Después de hacer cuidadosamente todas las previsiones para que el negocio no fracasara, el desvío de la carretera un par de kilómetros al norte ....

a) le ha puesto el cascabel al gato
b) no ha sido moco de pavo
c) lo ha echado todo por la borda
d) pagó los vidrios/platos rotos

481. El abuelo está harto de cuidarle los niños a su hija, pues lo .... y no lo dejan descansar ni un momento.

a) tienen a raya
b) traen de cabeza
c) ponen en su sitio
d) dan por sentado

482. La repentina llegada de la policía enojó tanto a los trabajadores, que éstos empezaron a hacer barricadas y a lanzar piedras contra los agentes. Al final la manifestación acabó ....

a) como el rosario de la aurora
b) a flor de piel
c) al contado
d) como pez en el agua

483. Lo que no podía tolerar el jefe es que aquel jovencito, recién incorporado, pretendiese .... a él, que llevaba más de diez años al frente de la sección.

a) enmendarle la plana
b) arrojar por la borda
c) hacer la corte
d) poner el dedo en la llaga

484. El oleaje era tan fuerte, que los bañistas .... para alcanzar la orilla, a la que llegaron extenuados.

a) barrieron para adentro
b) cargaron con el mochuelo
c) se fueron de la lengua
d) se las vieron y se las desearon

485. Los tiempos en que el profesor .... ya pasaron a la historia. Ahora más bien sucede lo contrario.

a) cargaba con el mochuelo
b) hacía castillos en el aire
c) tenía la sartén por el mango
d) estaba de vuelta de todo

486. ...., y haciendo gala de su proverbial diplomacia, María le dijo a Asunción que, a pesar de lo mucho que la estimaba, no la tenía por su mejor amiga.

a) A regañadientes
b) Entre bromas y veras
c) A la desesperada
d) A paso de tortuga

487. Como no me gusta tener deudas, siempre compro las cosas ....

a) a ciegas
b) por si las moscas
c) al contado
d) a las tantas

488. Como mi tía Aurora estaba presente cuando ocurrió la discusión entre Bernardo y su padre, pudo contárnoslo todo ....

a) con pelos y señales
b) jugándose el tipo
c) contra viento y marea
d) poniéndose de mil colores

489. Primero fue la cena; luego, los consabidos discursos; finalmente, el baile. Total, que, ..., se nos hicieron las dos de la madrugada.

a) a paso de tortuga
b) a tiro hecho
c) por pitos o flautas
d) a la buena de Dios

490. No creo que llueva esta tarde, pero como no quiero correr el riesgo de mojarme voy a llevar un paraguas ....

a) a grandes rasgos
b) por demás
c) de hito en hito
d) por si las moscas

491. Felipe es una persona tan ingenua, que siempre se cree .... todo lo que le dicen.

a) a pies juntillas
b) de carretilla
c) de mala fe
d) de golpe y porrazo

492. Con respecto a la boda, podría decirse que Luisa y Jesús están ....: un día consideran que compartirán felices el futuro y al día siguiente, tras cualquier discusión, coinciden en que lo suyo no tiene arreglo posible.

a) a pedir de boca
b) entre Pinto y Valdemoro
c) como si tal cosa
d) como Dios manda

493. Aunque es un coche muy caro, ... te compensa gastar todo ese dinero, ya que te lo ahorras en reparaciones; esos modelos raramente se estropean.

a) cada dos por tres
b) a pedir de boca
c) a secas

d) a la larga

494. No te preocupes porque discutan y se insulten con tanta saña; ya verás que al final ....

a) cambian de chaqueta
b) dan en el clavo
c) no llega la sangre al río
d) se hacen los locos

495. El último terremoto, afortunadamente sin víctimas, hizo que la ciudad .... durante más de un mes.

a) estuviese de bote en bote
b) anduviese a la greña
c) viese los cielos abiertos
d) estuviese patas arriba

496. El que actúa .... en sus negocios corre grandes riesgos de perder todo su dinero.

a) a tontas y a locas
b) para andar por casa
c) a paso de tortuga
d) frente a frente

497. No digo que a mí no me guste gastar alguna que otra broma, pero admitirás que anoche .... con Bernardo.

a) te pasaste de la raya
b) probaste fortuna
c) te hiciste el loco
d) se te cayeron los anillos

498. Los negocios que exigen .... siempre y que no permiten tomarse ninguna tregua laboral no se hicieron para mí.

a) estar al pie del cañón
b) no casarse con nadie
c) nadar y guardar la ropa
d) pasar por el aro

499. Yo no sé si esa señora tiene o no mucho dinero, pero lo cierto es que la vi sacar 200.000 pesetas del bolso y pagar el importe de la compra ....

a) como las propias rosas
b) a tocateja
c) al garete
d) de tres al cuarto

500. Aunque Luci crea que a estas alturas ...., en realidad le queda todavía mucho por conocer y muchas cosas que experimentar.

a) da en el clavo
b) está de mala uva
c) está de vuelta de todo
d) se quita la careta

501. .... es humanamente explicable, aunque éticamente censurable. Yo, a los socialistas, a pesar de haber perdido las elecciones estando en el poder, los sigo respetando.

a) Jugarse el tipo
b) Mantenerse en sus trece

c) No llegar la sangre al río
d) Hacer leña del árbol caído

502. Cuando los asistentes al acto académico esperaban con interés la intervención del conferenciante, éste, ..., comenzó a reírse a carcajadas.
a) de capa caída
b) sin ton ni son
c) a disgusto
d) de primera mano

503. Nada. Está claro que hoy ....: tenía que ver a un cliente a las ocho y cuando llegué a su casa ya se había ido.
a) me ha tocado la china
b) he tomado cartas en el asunto
c) he visto todo de color de rosa
d) he estado curado de espanto

504. A mi mujer siempre le han preocupado las habladurías de los vecinos. A mí, en cambio, ...
a) me ponen de mil colores
b) me sacan de quicio
c) me importan un bledo
d) me hacen el vacío

505. A veces se invierte en proyectos poco rentables sólo para que unas cuantas personas puedan mantener sus privilegios y seguir ....
a) chupando del bote
b) pegando la hebra
c) haciéndose de rogar
d) guardando la línea

506. En la conversación que mantuve el otro día con mi primo Teodoro sobre el Partido Radical, no hice otra cosa que ...., para que no se me enfadara.
a) darle gato por liebre
b) seguirle la corriente
c) cambiar de chaqueta
d) tirar de la manta

507. El portavoz de la familia del secuestrado .... cada vez que un periodista le preguntaba si se pagaría lo exigido por quienes retenían al señor Sáenz.
a) daba gato por liebre
b) estiraba la pata
c) se iba por las ramas
d) se rasgaba las vestiduras

508. A muchos que se dicen políticos lo único que les interesa es un puesto que les permita .... sin tener que trabajar mucho.
a) no pegar ojo
b) estar por las nubes
c) chupar del bote
d) venir a cuento

509. Cuando pasé ayer por la tarde por la *boutique* de la esquina y vi que estaba de rebajas, ... y me compré cinco pantalones de golpe.
a) me lavé las manos

b) mantuve el tipo
c) no hice nada a derechas
d) me dio la vena

510. Dada la dificultad de estas oposiciones y los muchos competidores que hay, habrá que .... durante todo el año para tener alguna posibilidad.
a) poner el grito en el cielo
b) luchar a brazo partido
c) darse con un canto en los dientes
d) cargar con el mochuelo

511. Debo decirte que ya no tengo problemas con el calentador de gas; desde que me lo arreglaron hace unos días, funciona ....
a) a las mil maravillas
b) a capa y espada
c) en resumidas cuentas
d) con cajas destempladas

512. María se pasaba el día criticando a los vecinos que suben mucho el volumen del televisor, sin caer en la cuenta de que también ella hace lo mismo. Está claro que solamente ....
a) vuelve a la carga
b) ve la paja en el ojo ajeno
c) tira de la manta
d) se pone el mundo por montera

513. Me gusta la gente que .... En realidad, odio las hipocresías y las actitudes farisaicas.
a) llama al pan pan y al vino vino
b) se frota las manos
c) le pone puertas al campo
d) comulga con ruedas de molino

514. En este negocio la persona que .... es el señor Martínez. Hasta tal punto es así, que no se da un paso sin que él lo autorice.
a) está en Babia
b) corta el bacalao
c) hace la vista gorda
d) no se come un rosco

515. Los compañeros de trabajo .... porque la empresa les ha aumentado el horario laboral pero no los sueldos.
a) están de mala uva
b) no daban abasto
c) cambian de chaqueta
d) sacan fuerzas de flaqueza

516. ¿Quién no .... alguna vez hablando mal de una persona que está en las inmediaciones?
a) ha roto el fuego
b) ha hecho la vista gorda
c) ha metido la pata
d) ha pagado el pato

517. Quería haber cogido las vacaciones a finales de mes, pero el jefe me .... al pedirme que las retrasara porque había mucho trabajo.

a) hizo la pascua
b) hizo tilín
c) dio un baño
d) echó un capote

518. Ricardito se ha vuelto un niño muy vago en los últimos tiempos. Habrá que .... para que no suspenda los exámenes.

a) jugar con fuego
b) apretarle las clavijas
c) volverle la espalda
d) respirar por la herida

519. Desde que ha emigrado a Francia, ve a sus familiares .... La última vez por poco no reconoce a su hermana menor.

a) al garete
b) a la carrera
c) sin decir esta boca es mía
d) muy de tarde en tarde

520. Una buena amiga mía, que se casó hace poco más de una semana, vino ayer a verme y me quedé .... cuando me dijo que su marido se había fugado con su antigua novia.

a) como si tal cosa
b) de una pieza
c) a secas
d) en un dos por tres

521. Más vale un .... que un ¡válgame Dios!

a) a quemarropa
b) a sabiendas
c) a la buena de Dios
d) por si acaso

522. El concejal encargado del comercio de la ciudad declaró que prohibir que los vendedores ambulantes instalen sus tenderetes en la calle equivale a ....

a) darles sopas con honda
b) darles esquinazo
c) dormirse en los laureles
d) negarles el pan y la sal

523. En situaciones semejantes, lo mejor es no .... e ir al grano directamente.

a) estar a dos velas
b) hacer de tripas corazón
c) levantar cabeza
d) andarse por las ramas

524. El conferenciante, que en realidad tiene un gran renombre internacional, ... en el acto de ayer y causó mala impresión en toda la sala, que no entendió nada de lo que dijo.

a) se hizo un taco
b) habló en cristiano
c) guardó las formas
d) cortó por lo sano

525. Ángeles conduce perfectamente cuando va sola en el coche, pero, en cuanto la acompaña alguna persona, ...

a) echa la casa por la ventana
b) se despacha a su gusto
c) la mira por encima del hombro
d) no da pie con bola

526. Cuando le preguntaron si tenía algo que ver con aquel negocio, ... contándoles cómo había logrado adelgazar sin dejar de comer.

a) puso el dedo en la llaga
b) se salió por peteneras
c) se quedó corto
d) sacó fuerzas de flaqueza

527. En el debate de esta mañana en el Congreso, los partidos de la oposición ...., planteándole al Gobierno sus exigencias para llegar a un acuerdo en materia económica.

a) se durmieron en los laureles
b) negaron el pan y la sal
c) pusieron las cartas boca arriba
d) se rascaron el bolsillo

528. No sé si habrá sido la seguridad de que ya tienen el título de campeón en sus manos. Lo cierto es que los jugadores del Madrid .... el domingo.

a) no se casaron con nadie
b) entraron por el aro
c) pusieron el grito en el cielo
d) no dieron una a derechas

529. Tenía algo que decirte en relación con el próximo número de la revista, pero .... y no consigo acordarme.

a) no ha pegado ni con cola
b) no ha llegado la sangre al río
c) ha pasado de castaño oscuro
d) se me ha ido el santo al cielo

530. Desde hace cinco años no uso apenas joyas, excepto esta pulsera de oro que, según recuerdo, le .... a mi marido.

a) costó un riñón
b) hizo un corte
c) cubrió las espaldas
d) echó el ojo

531. No me gustan las personas negativistas y que, cuando están en clave de crítica, ...

a) pagan con la misma moneda
b) rompen el hielo
c) no comulgan con ruedas de molino
d) no dejan títere con cabeza

532. Como comprenderás, no puedo aceptar esa propuesta .... Antes tengo que estudiar las condiciones con calma.

a) a ciegas
b) con conocimiento de causa
c) de hito en hito

d) a pierna suelta

533. Cuando me enteré de que mi amigo Miguel Ángel había intentado asfixiar a su mujer, me quedé ...., pues no podía creerlo.

a) de una pieza
b) a las tantas
c) de perilla
d) como quien no quiere la cosa

534. Después de casi dos años en el paro, a mi hermano le han salido dos empleos a la vez, y los dos buenos. El pobre ....

a) tiene cara de pocos amigos
b) les planta cara
c) no sabe a qué carta quedarse
d) no sabe de la misa la media/mitad

535. Como María no sabe nadar, se puso muy nerviosa cuando se dio cuenta de que no ....

a) estaba hasta la coronilla
b) hacía pie
c) estaba por los suelos
d) tenía buen saque

536. Mucho tiene que cambiar el mundo para que mi primo José María, con lo juerguista y mujeriego que es, ...

a) siente cabeza
b) se rasque el bolsillo
c) haga castillos en el aire
d) se juegue el tipo

537. Con Alfredo hay que tener cuidado, porque en cuanto se toma unas copas de más, ... El otro día pretendía que nos bañáramos desnudos en la fuente principal de la ciudad.

a) se pasa de la raya
b) ahueca el ala
c) se rasca el bolsillo
d) echa el resto

538. Si lo que pretendes es ...., te advierto que no estoy para bromas; así que más vale que me digas la verdad.

a) no comulgar con ruedas de molino
b) ir al grano
c) tomarme el pelo
d) hablar en cristiano

539. En lugar de repartir los gastos de esta ronda entre todos, mejor será que lo .... y que pague el «agraciado».

a) echemos a suerte
b) demos por sentado
c) echemos en saco roto
d) echemos a rodar

540. Realmente, exigirle a la secretaria —la cual no se distinguía por su agilidad mecanográfica— que pasara aquel mazo de folios en un solo día era ....

a) cubrirse las espaldas

b) pedirle peras al olmo
c) clamar al cielo
d) dar la cara

541. No es extraño que no ajusten bien los cajones de este mueble; se nota que ....
a) están hechos con los pies
b) están por los suelos
c) cuestan un riñón
d) se quedaron en agua de borrajas

542. Después de haber salido de casa de su nieta, fue cuando .... de que aquél era el día del cumpleaños de la niña.
a) habló hasta por los codos
b) cayó en la cuenta
c) se dio un tute
d) pasó por alto

543. Tras el tercer y último gol, nuestro equipo representativo .... y ya no dio una a derechas.
a) pagó los vidrios/platos rotos
b) perdió los papeles
c) dio la talla
d) no fue ni chicha ni limonada

544. En el concurso de la tele, la primera pareja contestó bien casi todas las preguntas, pero la de Cádiz ....; acertó una de casualidad.
a) dio la cara
b) no dio pie con bola
c) se llevó el gato al agua
d) vio los cielos abiertos

545. Cada vez que recordaba alguna escena de aquella película de miedo, a mi hermano Tomás ....
a) se le subían los humos a la cabeza
b) se le ponía la carne de gallina
c) se le iba la fuerza por la boca
d) se le hacía la boca agua

546. El director de la serie .... cuando se enteró de que el responsable máximo de los espacios dramáticos de televisión había vetado a la actriz que aquél había sugerido como protagonista.
a) rompió el hielo
b) remachó el clavo
c) puso el grito en el cielo
d) estuvo a las duras y a las maduras

547. Eso que dices .... ¿Cómo crees tú que el Gobierno va a comprometerse a regalar un coche a cada ciudadano que demuestre que le es absolutamente necesario para ir a su trabajo?
a) abre la mano
b) coge el hilo
c) no tiene ni pies ni cabeza
d) cubre el expediente

548. La eficiencia de Paco al frente de la empresa no se debe tanto a su inteligencia como al hecho de que siempre ....

a) hace la rosca al jefe
b) juega con fuego
c) lleva la corriente
d) está al pie del cañón

549. Con un miembro a su favor en la comisión de contratación y otros dos de la casa que, como es natural, ..., el candidato no tendrá ningún problema para conseguir el puesto.

a) ahuecarán el ala
b) buscarán tres pies al gato
c) echarán la casa por la ventana
d) barrerán para adentro

550. Las relaciones diplomáticas con ese país no eran muy buenas, por lo que el embajador tuvo que .... para evitar que se deterioraran aún más.

a) andar con pies de plomo
b) chupar rueda
c) echar las campanas al vuelo
d) frotarse las manos

551. Acaban de dar la noticia de que todavía no se sabe .... dónde se celebrará la «cumbre» entre los dos dirigentes, aunque lo más probable es que sea en París.

a) a bombo y platillo
b) a ciencia cierta
c) a ojo de buen cubero
d) a pies juntillas

552. «Tratar de establecer los límites de la abyección humana es tanto como pretender ....», dijo sentenciosamente el psiquiatra.

a) no saber a qué carta quedarse
b) ponerse de mil colores
c) rascarse la barriga
d) ponerle puertas al campo

553. ¿Te acuerdas de lo jovial y simpático que era Antonio? Pues bien, desde que lo dejó la novia, anda .... y está irreconocible.

a) de primera mano
b) de capa caída
c) a paso de tortuga
d) como si tal cosa

554. Recuerdo que aquel desapacible jueves de abril estuvo cayendo nieve .... durante todo el día.

a) a punta de pala
b) a hurtadillas
c) a pierna suelta
d) a ciencia cierta

555. Los ladrones .... en cuanto oyeron sonar la alarma. Se ve que no eran profesionales.

a) echaron leña al fuego
b) se despacharon a su gusto

c) estuvieron en la brecha
d) pusieron pies en polvorosa

556. La situación se hacía ya insostenible, por lo que el director del banco decidió .... y resolver el problema expedientando a los culpables.
a) coger el toro por los cuernos
b) remachar el clavo
c) salirse por la tangente
d) andarse por las ramas

557. Primero intentamos entrar en la discoteca, pero, como estaba ...., al final decidimos tomarnos unas copas en el *pub* de al lado; al menos allí podíamos respirar.
a) de bote en bote
b) a la desesperada
c) a pedir de boca
d) a carta cabal

558. A mi padre, que es un maniático del orden, le .... que alguien revuelva sus papeles.
a) hace sombra
b) hace la boca agua
c) mata la gallina de los huevos de oro
d) saca de quicio

559. Alejandro no tenía ningún interés en ir de excursión al monte, pero sus amigos .... y al fin se decidió a acompañarlos.
a) se cubrieron las espaldas
b) le comieron el coco
c) le dieron sopa con ondas
d) se hicieron de rogar

560. Ten cuidado, porque como te caiga ese peso en el pie vas a ....
a) ver las estrellas
b) aguantar carros y carretas
c) tener correa
d) empinar el codo

561. En esta *rentrée* del otoño, son los latinoamericanos quienes ...., con nuevos libros de Cortázar, Onetti, Vargas Llosa, Del Paso y Carlos Fuentes, que, además, ha ganado el premio Cervantes.
a) no saben de la misa la mitad
b) se quedaron cortos
c) se han llevado el gato al agua
d) tienen la negra

562. En este negocio la persona que .... es don Fernando; cualquier decisión que se tome debe contar con su visto bueno.
a) hace sombra
b) juega con fuego
c) corta el bacalao
d) se lava las manos

563. No me extrañaría nada que con ese abogadillo .... perdieras el pleito. Nunca he visto a nadie tan poco eficaz.
a) de perilla

b) de tres al cuarto
c) de gorra
d) de uvas a peras

564. Primero me dijeron que allí no era, que tenía que subir a la quinta planta; luego, que me faltaba una póliza; más tarde, que el director no podría firmarme los documentos hasta el día siguiente. Total, que aquello ....

a) se quedó en agua de borrajas
b) me supo a gloria
c) me regaló los oídos
d) fue el cuento de nunca acabar

565. Siempre ha sido un tipo muy tacaño y egoísta, así que no me extraña que sus amigos le .... y no lo inviten cuando alguno de ellos ofrece una fiesta en su casa.

a) pongan el cascabel al gato
b) suelten el rollo
c) caigan bien
d) den de lado

566. Con lo que me has explicado tan pormenorizadamente basta para saber que estás bien documentado. Eso ....

a) salta a la vista
b) me pone los nervios de punta
c) no pega ni con cola
d) me vuelve la espalda

567. He llegado a pensar que esa chica .... El otro día, sin ir más lejos, no haría media hora que estaba en casa de visita cuando me llaman por teléfono para decirme que el niño se había accidentado en el patio del colegio.

a) se rasca la barriga
b) es un cero a la izquierda
c) es pájaro de mal agüero
d) salió rana

568. Sé que nació en París y que vivió en Francia hasta los 15 años. Por lo tanto, ... que habla francés muy bien.

a) doy por descontado
b) me da la vena
c) no quiero cuentas con una persona
d) está en el candelero

569. Si ...., caerás en la cuenta de que lo que intenta Marisa con esa maniobra es perjudicarte.

a) atas todos los cabos
b) te vas por las ramas
c) te lavas las manos
d) hablas hasta por los codos

570. En cierta forma, prefiero a las personas que .... cuando quieren decirte algo más o menos desagradable u ofensivo. Así, siempre sabe uno a qué atenerse.

a) están hasta la coronilla
b) llegan y besan el santo
c) no tienen pelos en la lengua
d) no hacen nada a derechas

571. Desde que se marchó, hace casi una semana, no hemos tenido noticias de él hasta hoy. Todos estos días .... sin apenas poder dormir.

a) han brillado por su ausencia
b) hemos echado la casa por la ventana
c) hemos estado en ascuas
d) vienen a cuento

572. Cuando me contaron esa historia del asesinato de las ocho niñas, ...

a) se me pusieron los pelos de punta
b) hice pie
c) me levanté con el pie derecho
d) me quedé corto

573. Salí tan harto y tan dolido de la militancia en ese sindicato, que .... el hecho de que haya perdido tan estrepitosamente las elecciones.

a) me hace un flaco servicio
b) hace agua
c) me trae sin cuidado
d) no tiene vuelta de hoja

574. Como Aurelio siempre ...., colgó el teléfono sin darse cuenta de que la llamada era para él.

a) está en las nubes
b) tiene algo en el buche
c) las coge al vuelo
d) habla por los codos

575. Me di cuenta nada más ver su mirada de que lleva el odio .... Creo que nunca me perdonará el daño que le causé.

a) a flor de piel
b) a bombo y platillo
c) a ciegas
d) a grandes rasgos

576. A Luisa .... cuando pregunta con tanto interés si Armando tiene o no novia. No puede ser casual.

a) le trae sin cuidado
b) le llevan la contraria
c) se le ve el plumero
d) se le suben los humos a la cabeza

577. En algunos países, incluso los artículos de primera necesidad .... Aquí, sin embargo, todo es muy barato.

a) están en las nubes
b) están por las nubes
c) son el pan nuestro de cada día
d) están por los suelos

578. ¿Para qué me pides permiso? ¿No dices que lo vas a hacer ...., aunque yo no lo consienta?

a) por narices
b) a paso de tortuga
c) a ojo de buen cubero
d) a pierna suelta

579. Más vale que me lo repitas una vez más porque .... y no entiendo nada.
a) estoy hecho un brazo de mar
b) no es nada del otro jueves
c) estoy hecho un lío
d) hay moros en la costa

580. Ese problema con Antonio no se te va a resolver por sí sólo. Mucho me temo que no te va a quedar otro remedio que .... algún día.
a) hablar en cristiano
b) guardar las formas
c) plantarle cara
d) hacer la comedia

581. La portera se negó a darnos más detalles de lo ocurrido anoche en el tercer piso porque .... y no quería que el asunto trascendiera.
a) se durmió en los laureles
b) se le hizo la boca agua
c) estaba curada de espanto
d) había moros en la costa

582. Creo que mi jefe ha pretendido ....: me ha prometido varias veces un aumento de sueldo y aún lo estoy esperando.
a) tomarme el pelo
b) ponerse las botas
c) abrir la mano
d) echar las campanas al vuelo

583. Los dos políticos, a pesar de que tienen puntos de vista muy diferentes, ... y salen a cenar juntos con frecuencia.
a) hacen buenas migas
b) no ven más allá de sus narices
c) andan a la greña
d) pagan con la misma moneda

584. Hacía tanto frío esta mañana, que, cuando mi padre me llamó para ir al colegio, me levanté .... porque pensaba seguir en la cama.
a) a regañadientes
b) a la desesperada
c) a pierna suelta
d) a las primeras de cambio

585. Como es una persona poco animada, cada vez que lo invitan a una fiesta particular suele tomarse un whisky antes de salir, para ....
a) cantarlas claras
b) ponerse a tono
c) cerrar filas
d) cubrir el expediente

586. Aunque tratamos de consolarla después del suspenso que había tenido en matemáticas, no conseguimos nada. Ella .... a su amargura y estuvo llorando todo el día.
a) dio rienda suelta
b) mandó a freír espárragos
c) hizo el vacío
d) hizo la corte

587. Los dos últimos clientes, que llevaban cerca de una hora en la cola, le .... al funcionario cuando éste se negó a atenderlos alegando que era la hora de cerrar la ventanilla.
a) dieron la callada por respuesta
b) dejaron en la estacada
c) hicieron un flaco servicio
d) montaron un número

588. No sé cómo te atreves a recriminarme porque llegue un poco tarde, cuando tú eres la persona más impuntual que hay. En realidad, lo que haces es ....
a) volver a la carga
b) tirar piedras contra tu propio tejado
c) templar gaitas
d) tener la negra

589. Aunque mi primo no comulga con las ideas de los que están en el poder, reconoce que han realizado una labor importante en el terreno de la educación. A él ....
a) no le duelen prendas
b) se le cae el alma a los pies
c) se le encoge el corazón
d) no le llega la camisa al cuerpo

590. A la hora de pagar, Serafín .... y me tuve que hacer cargo de la cuenta yo.
a) se hizo el sueco
b) dio palos de ciego
c) llegó y besó el santo
d) se lió la manta a la cabeza

591. Si tiene que llamarte la atención porque no le gusta tu trabajo, lo hace sin ningún escrúpulo, pues ....
a) no sabe de la misa la mitad
b) no tiene pelos en la lengua
c) otro gallo cantara
d) es más el ruido que las nueces

592. El anuncio repentino del ministro de Hacienda de que este año van a bajar los impuestos en un diez por ciento ....
a) huele a cuerno quemado
b) cuesta un riñón
c) las mata callando
d) pone el grito en el cielo

593. La ignorancia de las leyes no excusa de su cumplimiento. Eso ....; lo dice el Código Civil.
a) crece como la espuma
b) se da de bofetadas
c) no tiene vuelta de hoja
d) tira la casa por la ventana

594. Como, al llegar al poder, el partido pudo repartir cargos ...., el número de militantes creció como la espuma.
a) a diestro y siniestro
b) a pies juntillas
c) a hurtadillas
d) a capa y espada

595. La conferencia del doctor González no proporciona información suficiente para preparar el tema del programa, pues .... algunos datos muy importantes sobre las características de las abejas.

a) toma a risa
b) pone en cuarentena
c) pone en tela de juicio
d) pasó por alto

596. Vicente conoce tan bien al comisario y a los policías de su pueblo, que se mueve por la comisaría ....

a) como Pedro por su casa
b) como alma que lleva el diablo
c) a bombo y platillo
d) a las primeras de cambio

597. El corredor italiano, sin saber cómo, se hizo un esguince en un tobillo y el francés acabó .... y alcanzando la meta antes que él.

a) pisándole los talones
b) a la chita callando
c) jugándose el tipo
d) tomando el rábano por las hojas

598. Cuando le pedimos al alcalde que se pronunciara acerca de nuestra solicitud de construir un polideportivo en el barrio, él .... hablándonos de la importancia que hoy en día tiene saber idiomas.

a) salió por peteneras
b) dio la vuelta a la tortilla
c) mantuvo el tipo
d) mató la gallina de los huevos de oro

599. Como estaba harto de la actitud grosera del conserje, el nuevo cliente .... y luego dio parte de su comportamiento al director del hotel.

a) se agarró a un clavo ardiendo
b) lo puso como un trapo
c) se cubrió las espaldas
d) le echó una mano

600. Con respecto a la reyerta del otro día en la playa, me dijo Antonio que se había complicado después de habernos ido nosotros, pero que, de todas formas, ... y que al final todo terminó en risas y bromas.

a) no había llegado la sangre al río
b) había gato encerrado
c) no pegaba ni con cola
d) pusieron toda la carne en el asador

601. El ministro admitió que el portavoz de la oposición .... al criticar los aspectos sociales de los presupuestos generales del Estado.

a) se había dejado llevar por la corriente
b) no veía más allá de sus narices
c) había puesto el dedo en la llaga
d) ponía el carro delante de las mulas

602. El viejo zapatero de la esquina está hecho de una madera muy dura; a pesar de que ya roza los 80 años, él .... abriendo su zapatería a las 8 y cerrando a las 2.

a) sigue en la brecha
b) escurre el bulto
c) tiene algo en el buche
d) templa gaitas

603. El pobre Martínez se marchó a trabajar a Venezuela para mejorar su situación económica, y su mujer, que era muy joven y alocada, ... yéndose a vivir con otro.
a) lo cogió con las manos en la masa
b) cargó con el mochuelo
c) hizo de tripas corazón
d) le puso los cuernos

604. Para evitar que la gente se llamase a engaño, el director, en la reunión que tuvimos hace poco, ... al explicar con toda precisión el alcance de las medidas tomadas.
a) puso los puntos sobre las íes
b) nos dio la callada por respuesta
c) nos hizo la pascua
d) se salió por la tangente

605. Muchos envidiaban su situación ya que, al estar libre de obligaciones, puede ....
a) romper el hielo
b) hacer de su capa un sayo
c) tirar de la manta
d) irse por los cerros de Úbeda

606. Después de los reveses sufridos, no es fácil que el señor Méndez ...., a menos que le echen una mano los bancos o los demás empresarios del ramo.
a) vaya al grano
b) haga una de las suyas
c) levante cabeza
d) se cure en salud

607. La no reelección de los hasta ahora representantes se debe a que éstos, lejos de reflejar las opiniones de la asociación en su conjunto, pretendían ....
a) dar ejemplo
b) estar en sus cabales
c) pillarse los dedos
d) llevar el agua a su molino

608. Estoy seguro de que don Ricardo aceptará la oferta sin rechistar, pues, como suele suceder, es la mujer la que .... en la casa.
a) lleva los pantalones
b) queda a la altura del betún
c) es un cero a la izquierda
d) tiene buen saque

609. .... pude conseguir entradas para tres conciertos porque ya me había hecho a la idea de que este año nos quedábamos sin festival.
a) A quemarropa
b) Menos mal que
c) Por demás
d) Con el corazón en la mano

610. Aunque tengo problemas de insomnio, cuando estoy de vacaciones duermo .... y no suelo levantarme antes de las doce.

a) a ojo de buen cubero
b) a pies juntillas
c) a pierna suelta
d) a la larga

611. Teníamos pensado comprarnos una casita en el campo, donde pasar las vacaciones, pero el reciente bajón de la bolsa .... todos nuestros planes.

a) tomó a risa
b) cambió de chaqueta
c) dio por descontado
d) echó por tierra

612. Aunque le asistía toda la razón para negarse, no tuvo más remedio que .... y firmar el documento, pues era la única vía permitida por la ley.

a) entrar por el aro
b) perder los estribos
c) lavarse las manos
d) llevar el agua a su molino

613. ¡Quién lo hubiera dicho! Antes se odiaban y, sin embargo, ahora ....

a) no pegan ojo
b) están a partir un piñón
c) no dan el brazo a torcer
d) están con la soga al cuello

614. Pedro no aprobó el examen porque .... en historia. ¡Con decirte que ni siquiera sabe quiénes eran los Reyes Católicos!

a) hace lo que está en su mano
b) hila muy fino
c) está pez
d) no suelta prenda

615. Para mi padre, el colmo de la felicidad es pasar los fines de semana en el pueblo. Allí ....

a) pasa de castaño oscuro
b) pone el grito en el cielo
c) se queda corto
d) está como pez en el agua

616. El salario mínimo interprofesional es .... insuficiente para mantener una familia en la que sólo trabaja el padre.

a) a ciegas
b) a todas luces
c) a tocateja
d) de punta en blanco

617. Como el dueño no quería que el señor Pérez se enterase del asunto hasta saber el resultado final, hizo una seña al empleado y, como éste ...., en seguida cambió de conversación.

a) está en mantillas
b) las mata callando

c) las coge al vuelo
d) no comulga con ruedas de molino

618. La mujer del oculista es una tonta a la que le gusta ...., pues no hace sino hablar de los países que ha visitado, de la gente importante que conoce y de lo mucho que la aprecian en todas partes.
a) pagar el pato
b) ponerse a tono
c) recoger velas
d) darse bombo/pisto

619. Manolo y yo quedamos en vernos a las siete en la cafetería de la esquina, pero me ....; lo estuve esperando hasta las ocho y no apareció.
a) dejó plantado
b) ajustó las cuentas
c) calenté los cascos
d) dio carta blanca

620. Me imagino el enfado que va a coger tu hijo cuando se entere de que le han robado la bicicleta, así que procura .... para que no se disguste demasiado.
a) echar leña al fuego
b) dorarle la píldora
c) estar a la que salta
d) guardar las distancias

621. Lo que no sabía es que las medidas recientemente adoptadas por el ayuntamiento favorecen de paso los intereses particulares del señor alcalde. Está visto que el que más y el que menos ....
a) echa una mano
b) empina el codo
c) está con la mosca detrás de la oreja
d) arrima el ascua a su sardina

622. Aunque estaba anunciada una borrasca, el mal tiempo .... y pudimos broncearnos en la playa.
a) estaba curado de espanto
b) brilló por su ausencia
c) hacía castillos en el aire
d) clamaba al cielo

623. Margarita está muy disgustada con su novio porque ayer no vino a verla, y como parece que disfruta ...., no quiere admitir que el motivo no es el que ella se imagina, sino que salió muy tarde de la oficina.
a) como gallina en corral ajeno
b) de buen grado
c) buscándole tres pies al gato
d) echando el resto

624. Hasta ahora no he querido llamarle la atención por su comportamiento irregular, pero la próxima vez que cometa una falta voy a ....
a) estar pendiente de un hilo
b) hacer la comedia
c) sacarle las castañas del fuego
d) cantarle las cuarenta

SEGUNDA PARTE

A) **De las opciones ofrecidas, elegir la que mejor se corresponda con la expresión en cursiva**

1. El problema, *a grandes rasgos*, es el siguiente: Juan se ha quedado sin trabajo y no sabe cómo va a arreglárselas para sacar adelante a su familia.
- a) sin entrar en detalles
- b) de un modo u otro
- c) haciendo un esfuerzo
- d) con el debido respeto

2. Ricardo durmió *a pierna suelta* hasta la hora del almuerzo.
- a) con completa despreocupación
- b) precipitadamente
- c) forzando las cosas
- d) lentamente

3. Al tropezar con el hierro se me abrió una brecha enorme y, *como Dios me dio a entender,* me hice un torniquete.
- a) sin darme la menor prisa
- b) escandalizado
- c) arreglándomelas como pude
- d) sin preocuparme lo más mínimo

4. Los dos amigos salieron de la reunión *a la chita callando* y no volvieron en toda la noche.
- a) con mucha prisa
- b) haciendo ruido
- c) con disimulo
- d) muy tarde

5. Mi abuela creyó *a pies juntillas* la historia que le contó mi hermano.
- a) forzando las cosas
- b) con un esfuerzo desesperado
- c) sin ninguna sombra de duda
- d) atónita

6. Me gusta hacer las cosas *como Dios manda*, aunque sólo sea para no darles argumentos a mis enemigos.
- a) cuando alguien me las exige
- b) debidamente, bien

c) sin ceder un ápice, obstinadamente
d) sin ganas, con indolencia

7. Anoche llegué *a las tantas* y no me pareció oportuno llamarte por teléfono.
a) muy tarde
b) con grandes dificultades
c) inesperadamente
d) antes de lo previsto

8. *A sabiendas* de que no me iba a pagar el trabajo, no me esmeré mucho al hacerlo.
a) con conocimiento del hecho
b) sintiendo mucha admiración
c) sufriendo una desilusión
d) con mucho enfado

9. Me han contado que Antonio ha hecho las maletas y, *sin encomendarse a Dios ni al diablo*, se ha enrolado en un barco de pesca. ¿Es cierto?
a) sin tomar las debidas precauciones, irreflexivamente
b) pensando detenidamente lo que hacía
c) secretamente, con sigilo
d) aparatosamente, con aspavientos

10. Si le vas a comunicar tú el resultado, procura no soltárselo *a quemarropa*, pues le puede dar algo.
a) en voz baja
b) con delicadeza
c) de sopetón, sin preparación
d) cuando esté fumando

11. Desde que le dijeron a aquel borracho pendenciero que iban a llamar a la policía, salió huyendo *como alma que lleva el diablo*.
a) rutinariamente
b) precipitadamente
c) con mucha limpieza
d) astutamente

12. Yo, para ir a una película de miedo y estar *a disgusto*, prefiero quedarme.
a) divinamente
b) con mucha hambre
c) sin entender lo que se dice
d) molesto, incómodo, fastidiado

13. El nuevo decano ha vuelto a insistir en que hay que cumplir el horario *a rajatabla*.
a) con todo rigor
b) para bien o para mal
c) desde el primer momento
d) en principio

14. Como Isabel tiene aspecto de extranjera, a los donjuanes que intentan flirtear con ella suele *tomarles el pelo* haciendo que se esfuercen en hablar inglés.
a) quitárselos de encima, verse libre de ellos
b) ponerlos en evidencia
c) enojarlos, fastidiarlos
d) burlarse de ellos

15. ¡Llevaba dos años sin saber que el coche tiene ruedas y ahora *cada dos por tres* me aparece un pinchazo! ¿Qué habré hecho yo?

a) sin avisar, inopinadamente
b) con mucha frecuencia
c) sin reparar en ello
d) muy raras veces

16. Aunque su nombre es José Antonio, todos lo conocen por Jose, *a secas*.

a) desde que dejó de beber
b) desdeñosamente
c) sin añadir nada más
d) sin querer

17. Si no hubieras ido *a paso de tortuga*, hubieras llegado antes de que cerrara la tienda.

a) atónito
b) rápidamente
c) lentamente
d) con mucho esfuerzo

18. El nuevo empleado es un modelo de diligencia: le encomiendas cualquier cosa y *en un dos por tres* te la hace y bien. ¡Vamos, de lo que ya no queda!

a) con lentitud exasperante
b) olvidándose
c) muy rápidamente, en poquísimo tiempo
d) sin prestar un mínimo cuidado

19. Cuando quiero comer buen pescado en esta ciudad, siempre voy *a tiro hecho*.

a) con un grupo de amigos
b) deliberadamente a un restaurante que es de fiar
c) a una hora prudente
d) al restaurante frecuentado por militares

20. En la primera parte íbamos perdiendo por tres a cero. Pero en la segunda mitad jugamos *a la desesperada* y logramos empatar.

a) con un esfuerzo sobrehumano
b) con mucha alegría
c) tranquilamente
d) con facilidad

21. *A duras penas* pude contener la risa cuando apareció don Justo con una corbata que más parecía un babero.

a) Sin importarme en absoluto
b) Con tono suplicante
c) Con claras muestras de aprobación
d) Apuradamente, con mucho esfuerzo

22. Hizo la carrera de Derecho *a trancas y barrancas* porque, en el fondo, lo que le gustaba era otra cosa.

a) en menos tiempo del previsto
b) sin grandes dificultades
c) con mucha dificultad
d) para complacer a su familia

23. El funcionario de la ventanilla *no daba abasto,* pues era el último día para la presentación de solicitudes para becas y se había juntado mucha gente.

a) no obtenía mucho beneficio
b) tenía la cabeza vacía
c) no se bastaba para atender a todos
d) no evadía el trato

24. Ser un demócrata íntegro —contestó el portavoz del Gobierno— implica *estar a las duras y a las maduras.*
a) no darle importancia a nada
b) inhibirse, no participar
c) reírse a carcajadas
d) aceptar lo bueno y lo malo

25. Los ladrones, cuando vieron que la cosa se ponía fea, *ahuecaron el ala.*
a) cambiaron de conversación
b) se marcharon
c) se pusieron muy nerviosos
d) hicieron una llamada telefónica

26. Cuando le conté a mi mujer que Juan y María, aparentemente tan unidos, habían roto, se quedó *con la boca abierta.*
a) atónita, sin saber qué decir
b) con la sonrisa en los labios
c) sin omitir ningún detalle
d) despreocupada

27. A simple vista, Luisa parece resuelta y hasta temeraria. Sin embargo, en cuanto huele que un asunto le va a traer complicaciones, *se echa atrás.*
a) se retrae, no interviene
b) acomete con furia
c) muestra indiferencia
d) desprecia la opinión ajena

28. No sé cómo puede tener tan buen humor tu amigo Pedro, pues siempre *anda metido en líos.*
a) le duele la cabeza
b) tiene problemas (que él mismo se busca)
c) pasa hambre para no engordar
d) le está regañando a su mujer

29. Aunque remató *a bocajarro,* no logró marcar el gol.
a) con mucha suavidad
b) de sopetón, sorprendiendo al portero
c) con entusiasmo
d) limpiamente

30. Si ahora que lo tenemos todo organizado nos fallan las chicas o la orquesta, *nos parten por el eje.*
a) nos da igual
b) nos causan un trastorno enorme
c) nos insultan injustificadamente
d) se muestran generosos con nosotros

31. *No (te) andes con rodeos* y cuéntame ya lo que pasa.
a) Habla claramente
b) No te vayas tan pronto

c) Hazme caso
d) No seas tonto

32. Como el examen me salió *a pedir de boca*, no creo que tenga problemas para aprobar.
a) todo lo bien que yo podía desear
b) con muchos defectos
c) muy limpio
d) sin nada extraordinario

33. Siempre me ha parecido más edificante *dar ejemplo* que pasar inadvertido, aunque yo tienda más a esto último.
a) comentar lo que otros me han comentado antes
b) servir moralmente de modelo
c) no contestar las preguntas maliciosas
d) insultar airadamente

34. Ha dicho que a las cinco en punto y no hay quien *lo apee del burro*.
a) lo haga cambiar su decisión, de idea
b) le demuestre lo contrario
c) lo ayude a terminar el trabajo
d) se atreva a contradecirlo

35. Cada vez que me acuerdo del banquetazo de la boda de Juan, *se me hace la boca agua*.
a) evado el trato
b) le doy mucha publicidad
c) pienso con delectación en ello
d) voy de juerga

36. El servicio de orden sacó *a empellones* a los que habían intentado boicotear el acto electoral.
a) con la elegancia propia del caso
b) sin soltar una sola palabra
c) empujándolos, de malos modos
d) sin tener en cuenta los aplausos del público

37. Cuando se encontraron los partidarios de los dos equipos rivales, empezaron a insultarse y en seguida *se armó una marimorena*.
a) se paró el tráfico rodado
b) se reunió un grupo de curiosos a su alrededor
c) intervino la policía
d) se produjo un enfrentamiento violento

38. Renato debía de andar enfermo ayer porque, con lo charlatán que es habitualmente, estuvo todo el día *sin decir esta boca es mía*.
a) sin hablar lo más mínimo
b) con mucho ruido
c) rechazando requerimientos amorosos
d) sin saber qué hacer

39. Siempre tuve por norma *no entrar ni salir* en la esfera íntima de los demás.
a) pasar inadvertido
b) afrontar las consecuencias
c) mostrar mi disconformidad
d) no intervenir para nada

40. Ya sabes que si *le bailas el agua* al director podrás conseguir de él lo que quieras.

a) le dejas tu paraguas cuando llueve
b) le adulas
c) le pides que te dé unas vacaciones
d) molestas mucho

41. Aunque el jefe tenía bastante mal humor, Ricardo logró *metérselo en el bolsillo* gracias a su desenfado.
a) inmiscuirse en sus asuntos
b) darle un golpe en la cara
c) concebir demasiadas esperanzas
d) ganarse su simpatía

42. Los trabajadores pusieron al patrón *entre la espada y la pared*: o cedía éste a sus reivindicaciones o no se reintegraban a sus puestos.
a) un mote
b) en una situación muy cómoda
c) ante dos opciones igualmente difíciles
d) a trabajar

43. Hace una semana, Ana estaba loca por su profesor de música, pero ahora *bebe los vientos por* Luis.
a) está muy enamorada de
b) sale también con
c) se ha casado con
d) cree que tenía razón

44. Como la sangre salía de la herida *a borbotones*, tuvieron que llevarme urgentemente al hospital.
a) de color rojizo
b) violentamente y con discontinuidad
c) dejando boquiabiertos a los presentes
d) con cautela

45. Correr riesgos empresariales sin antes *cubrirse las espaldas* mínimamente, siempre me pareció una temeridad. En fin, haz lo que quieras.
a) tener la seguridad de que, por mal que vayan las cosas, uno siempre va a poder afrontar la situación
b) poder actuar uno con entera libertad
c) confiar en la decencia y las buenas costumbres de los demás
d) comprobar que la economía está en un momento óptimo

46. Tu hermano me está *buscando las cosquillas* desde hace algún tiempo y va a lograr que me enfade de veras.
a) colmando de regalos
b) provocando
c) contando chismes
d) ayudando desinteresadamente

47. Lo primero que tiene que hacer cualquier persona que quiera dedicarse a los negocios es *arrojar por la borda* todos sus escrúpulos morales.
a) perder absolutamente
b) aplaudir con entusiasmo
c) aprobar resueltamente
d) ver con buenos ojos

48. Cuando le pregunté a mi marido que si no se escandalizaba al ver a muchas chicas en *top-less*, me respondió que ya él *estaba curado de espanto*.
a) había previsto lo que iba a pasar
b) había imaginado que iba a haber multitud de curiosos
c) no se impresionaba por nada o por casi nada
d) no se atrevía a decir lo que pensaba

49. Tu cuñado es un tipo que me *cae muy bien*.
a) interesaría conocer
b) trata muy cortésmente
c) parece muy habilidoso
d) resulta simpático y agradable

50. Desde que se enteró de que le habían concedido el primer premio fue pregonándolo *a bombo y platillo* por todo el barrio.
a) silenciosamente
b) con mucha propaganda
c) con mucha cautela
d) tímidamente

51. Me tenía tan harto con eso de que su equipo de música es mejor que el mío, que *lo mandé a freír espárragos*.
a) le dije que ya lo comprobaría
b) lo corté con terminante brusquedad
c) le insinué que cambiara de táctica
d) le comuniqué mi desacuerdo

52. No creo que se te *caigan los anillos* por hacer eso.
a) estropeen las manos
b) pierdan los papeles
c) vean tus intenciones
d) tache de no tener dignidad

53. Me gusta tanto la paella, que siempre que la hace mi madre *me pongo las botas*.
a) me inmiscuyo en sus asuntos
b) respondo con descaro
c) me atiborro comiendo
d) prorrumpo en risas

54. A los controladores del aeropuerto internacional de Chicago comenzaba a *darle mala espina* el no recibir señal alguna del *727* de la KAR.
a) hacerlos pensar en lo peor
b) producirles una calma total
c) desagradarles el tiempo meteorológico
d) incomodarlos profundamente

55. A él lo que le gusta es *campar por sus respetos*.
a) hacer vida de campo
b) actuar con entera libertad
c) vivir en una tienda de campaña
d) que le respete la gente

56. A pesar de que tenía motivos más que sobrados para continuar enfadado con José, decidí *hacer borrón y cuenta nueva*.
a) hacer las paces con él y olvidar lo pasado

b) proyectar planes para el futuro
c) reunir algunos ahorros
d) realizar lo que era más conveniente

57. Juan Manuel es muy buena persona y no seré yo quien lo niegue, pero en lo tocante a *dar esquinazos,* bate todos los *records.*
a) ser desconfiado
b) no acudir a las citas concertadas
c) imaginar lo peor
d) no trabajar con regularidad

58. Los amigos de Julián ya están hartos de que siga con ellos *comiendo la sopa boba.*
a) haciendo él la comida
b) preparando el próximo examen
c) viviendo a su costa, sin trabajar
d) fregando los platos

59. Por más que le demostraba que se había equivocado en las cuentas, Pedro *no daba el brazo a torcer.*
a) sufría mucho
b) se quejaba de vicio
c) se contentaba con poco
d) se mantenía obstinadamente en su postura

60. Cuando los conflictos matrimoniales hacen que la pareja *pierda los estribos,* la armonía es difícil. Por eso yo siempre cuento hasta tres antes de enfadarme con mi marido.
a) actúe sin la debida serenidad y de un modo civilizado
b) se olvide de lo más esencial
c) salga de paseo
d) haga favores

61. La nueva casa se halla situada en pleno campo y quizá tenga menos comodidades, pero tanto los padres como el resto de la familia se encuentran en ella *como las propias rosas.*
a) pasando una temporada
b) los fines de semana
c) cada vez que pueden
d) muy a gusto

62. Durante los años de la clandestinidad no conocí a una persona más combativa que Gerardo. Siempre *estaba en la brecha.* Vino después la legalización de los partidos y perdió el ímpetu revolucionario.
a) estaba dispuesto a emplearse en cualquier momento en la defensa de la causa
b) sufría una gran desilusión
c) nos trataba con severidad
d) se apartaba del trato con la gente

63. Prueba de que actuó *de mala fe* es que no me advirtió de las consecuencias negativas que podría acarrear el no renunciar por escrito.
a) sin pensárselo dos veces
b) con la severidad propia del caso
c) menos convencido de lo que debía estarlo
d) con mala intención

64. Nunca se sabe cómo va a reaccionar, pero creo que debes presentarte en su despacho a las diez de la mañana *como quien no quiere la cosa.*

a) aunque no quiera recibirte
b) para obligarle a que tome una decisión
c) como si realmente no tuvieras interés en el asunto
d) como si de ti dependiera la solución del problema

65. Al verlo toda la tarde tan reservado, siendo como es tan charlatán, me supuse que *tendría algo en el buche.*

a) tenía callado algo que no se atrevía o no quería manifestarme
b) intentaba sobornarme
c) bebía con exceso
d) me iba a reprender

66. La única posibilidad que tenemos de sacar algún resultado positivo en estas elecciones es que todos los partidos afines *cerremos filas* contra la Asamblea Democrática.

a) estrechemos sólidamente nuestra unión
b) propugnemos la abstención
c) vayamos por separado
d) arremetamos dialécticamente

67. Este médico no tiene sentimientos. Acaba de morir un paciente suyo en el quirófano y sin embargo ahí está tomándose unas copas en el bar *como si tal cosa.*

a) para olvidarse del asunto
b) para huir de sus familiares
c) como si no hubiera ocurrido nada
d) porque van a cerrar ya el bar

68. Estábamos tocando la guitarra, tomándonos unas copas y cantando, cuando *de buenas a primeras,* y sin causa aparente, Esperanza rompió a llorar.

a) en voz baja
b) inesperadamente, de pronto
c) de forma rutinaria
d) confusamente

69. Comprar un ático *es un arma de doble filo*: es verdad que vives con mayor independencia, pero no es menos cierto que te expones a que te lo desvalijen con total impunidad.

a) representa una inversión no muy cuantiosa
b) puede provocar efectos positivos o negativos
c) es una oportunidad que no se debe desaprovechar
d) está de moda

70. Hacer ese viaje tan caro le *costó un riñón.*

a) salió muy caro
b) vino bien para la salud
c) encantó
d) fastidió mucho

71. El vagabundo se pasó todo el día gritando y gesticulando, por lo que supusimos que no podía *estar en sus cabales.*

a) pensar con delectación
b) captar la voluntad de la gente
c) obtener mucho beneficio
d) tener completas sus facultades mentales

72. «Sentados *frente a frente* nos podremos mirar a los ojos.» Esto le pareció a Luisa una ñoñería, pero reaccionó como si no lo fuera.

a) viéndonos perfectamente las caras
b) en asientos contiguos
c) en sillas de terciopelo
d) en la oscuridad

73. Te digo esto, no para *curarme en salud,* sino porque creo que es mi deber.
a) que me lo agradezcas
b) advertirte del peligro que corres
c) reprobar tu conducta
d) prevenirme contra posibles objeciones, consecuencias funestas, etc.

74. Las cosas que más me molestaban en el cuartel eran hacer guardia y el servicio de cocina. Por eso, siempre que podía, *escurría el bulto.*
a) evitaba tener que hacerlo
b) desafiaba a los compañeros
c) salía voluntario
d) las hacía con mucho esmero

75. En las discusiones que sosteníamos en el Consejo de Administración, era siempre don Claudio el que *rompía el fuego.*
a) vociferaba sin venir a cuento
b) nos saludaba atentamente
c) las iniciaba, las emprendía
d) se mantenía sin decir palabra

76. Sin duda, el puesto que tiene ahora Enrique es muy bueno, pero para conseguirlo ha tenido que *chupar mucha rueda.*
a) trabajar muy poco
b) comprarse una bicicleta
c) esperar mucho tiempo en el puesto o puestos anteriores
d) hacer muchos viajes

77. Como Margarita es todavía muy joven, no es extraño que *tenga la cabeza llena de pájaros.*
a) tenga mucha paciencia
b) sea muy aplicada
c) no actúe con la debida sensatez
d) lea mucha literatura

78. Inés, con sus mordaces insinuaciones, no hacía otra cosa que *echar leña al fuego* en aquella discusión, ya de por sí acalorada.
a) caldear aún más los ánimos, avivar la discusión
b) emprender una campaña de desprestigio
c) anular las reservas hechas con anterioridad
d) infiltrarse como incógnita

79. Después de dar vueltas a la manzana durante tres horas, por fin *dieron con* la casa de Pedro.
a) intentaron derribar
b) decidieron comprar
c) encontraron
d) se acordaron de que allí estaba

80. El problema de la delincuencia *traía de cabeza* a las autoridades del país.
a) daba mucho trabajo y preocupaciones
b) divertía

c) le había proporcionado beneficios
d) había hecho aumentar la plantilla

81. Asunción le hacía notar a su compañera de pupitre que dirigirse tan bruscamente al profesor era *jugar con fuego*. A fin de cuentas, la nota final de curso dependía del criterio de éste.

a) exponerse con inconsciencia a lo peor
b) hacer las cosas inteligentemente
c) no defraudar a sus padres
d) granjearse el aplauso de los compañeros

82. Me *daría con un canto en los dientes* si me sacase tan sólo 40.000 pesetas en el próximo sorteo de la lotería.

a) pondría muy triste
b) conformaría
c) pondría una nueva dentadura
d) iría de vacaciones

83. Después de comer me *eché una cabezadita,* y ya me tienes nuevo para la fiesta de esta noche.

a) jugué una partida a la baraja
b) dormí unos momentos
c) fui al cine
d) puse un sombrero en la cabeza

84. Todos los proveedores que he tenido hasta ahora han tratado de engañarme por igual. Así es que *no pongo las manos en el fuego por ninguno.*

a) estoy dispuesto a cambiar de negocio
b) me veo obligado a abandonar mis deberes
c) no confío enteramente en ninguno
d) tengo una fe sin fronteras en todos ellos

85. Esa camisa *se da de bofetadas* con los pantalones que llevas puestos.

a) desentona
b) va muy bien
c) es para usar
d) parece más holgada

86. Desde que me dijo que me iba a vender un submarino, me di cuenta de que *estaba como una cabra.*

a) estaba estudiando náutica
b) era una persona muy seria
c) estaba chiflado
d) era muy testarudo

87. Cuando la empresa despidió a todos los trabajadores, éstos, *volviendo por sus fueros*, y tras el fallo favorable de la magistratura de trabajo, hubieron de ser readmitidos.

a) ignorando las consecuencias que el hecho comportaba
b) defendiendo sus derechos que injustamente se habían vulnerado
c) con generosidad digna de mejor causa
d) en una actitud que denotaba alegría

88. Aunque le aprieten un poco los zapatos, no se preocupe porque *dan de sí.*

a) son de goma
b) éste es su número

c) se alargan con el uso
d) los tacones no son muy altos

89. Cada vez que Carmelo nos hablaba de sus hijos, *se le caía la baba.*
a) lo hacía con mucho cariño y devoción
b) ponía la cara triste
c) le daba vergüenza
d) salía con el rabo entre las piernas

90. Maribel empezaba a cansarse de estar siempre *templando gaitas.* En adelante, y al margen de las consecuencias, le diría a su novio lisa y llanamente lo que pensaba.
a) discutiendo apasionadamente
b) resolviendo problemas financieros
c) mostrándose indiferente
d) usando miramientos o demasiadas contemplaciones

91. En esa tienda tienes que andar con mucho ojo porque, si te descuidas, te *dan gato por liebre.*
a) compras más de lo que necesitas
b) engañan, estafan
c) hacen esperar mucho tiempo
d) llaman ladrón

92. Cuando me enteré de que, después de haber estado todo el curso estudiando intensamente, me habían suspendido, *se me cayó el alma a los pies.*
a) le di las gracias al profesor
b) sufrí una gran desilusión y frustración
c) me puse a estudiar con ahínco
d) esperé mejor ocasión

93. La verdad es que el nuevo ayudante que tenemos en la sastrería vale lo que pesa: le encomiendas que haga cualquier cosa y *en menos que canta un gallo* ya te la ha hecho.
a) impresiviblemente
b) con absoluta rapidez
c) desganadamente y como refunfuñando
d) sin que nadie lo haya mandado

94. Carlos no sabe tanto inglés como su colega alemán, pero le *dio un baño* en francés.
a) faltó poco para sacar mejor puntuación que él
b) fue fácil entenderse con él
c) demostró claramente su superioridad
d) demostró que era tan bueno como él

95. Cuando descubrí que mi padre se había percatado de que lo había engañado, *se me cayó la cara de vergüenza.*
a) me sentí extraordinariamente avergonzado
b) me puse muy contento
c) fui corriendo adonde estaba él para que me diera un regalo
d) lo fui divulgando a bombo y platillo

96. Si me hubieran hecho caso en lo de comprarse un piso más céntrico, *otro gallo les hubiera cantado.*
a) no hubiesen tenido que desprenderse del coche
b) no hubiesen tenido que irse al extranjero
c) las cosas les hubiesen rodado favorablemente

d) hubiesen tenido problemas con el colegio de los niños

97. Lo único que hizo cuando le preguntamos si prefería quedarse fue *darnos la callada por respuesta.*

a) contarnos todas sus penas
b) mandarnos callar
c) decirnos que sí en voz baja
d) no contestar

98. La señora que atendía las mesas solía aguantar carretas y carretones, pero ayer nos excedimos en las bromas y terminó echándonos del local *con cajas destempladas.*

a) diciéndonos buenas tardes
b) con mucha amabilidad
c) con mucho enfado y sin contemplaciones
d) sin cobrarnos nada

99. Cuando mi hermano y mi padre comenzaban a hablar de política, mi madre se sentía *como gallina en corral ajeno.* Recuerdo que sólo decía: «la política, para los políticos».

a) desplazada, incómoda por no poder intervenir
b) sumamente integrada
c) como si lo hubiese hecho durante toda la vida
d) intranquila por los efectos que el hecho podía acarrear

100. Ayer me encontré con Marisa por la calle y durante una hora me estuvo *dando la tabarra* con sus historias de siempre.

a) haciendo ver las cosas de otra manera
b) cansando, aburriendo
c) divirtiendo enormemente
d) dando una lección

101. Aunque Adela no paraba de *darle calabazas,* mi amigo Felipe insistía en sus requerimientos amorosos.

a) rechazar sus peticiones
b) mandar verduras a su casa
c) salir con sus amigos
d) declararle sus intenciones

102. La OPEP, a base de subir inmoderadamente los precios del petróleo, está *matando la gallina de los huevos de oro.*

a) haciendo una política muy inteligente
b) forzando la ganancia hasta extremos contraproducentes
c) mirando al pasado con rencor
d) desoyendo las sugerencias de sus asesores

103. Es muy buena persona, pero como político no *da la talla.*

a) hace promesas que luego no cumple
b) tiene la competencia debida
c) tiene muchos amigos
d) informa de su gestión

104. Como las imposiciones y las intransigencias de mi novio me *traían por la calle de la amargura,* lo mandé a freír espárragos.

a) divertían mucho
b) resultaban monótonas
c) traían sin cuidado

d) proporcionaban muchos disgustos y preocupaciones

105. Si insisten en irse a vivir al extranjero, allá ellos. Yo, desde luego, *no les arriendo la ganancia*.

a) estoy dispuesto a aplaudir su decisión
b) lo meditaría mucho antes de tomar una determinación
c) lo considero una aventura fascinante
d) creo que les va a ir mal, porque ello representa más desventajas que ventajas

106. Cuando le *da la vena* es capaz de cualquier cosa.

a) tiene tiempo libre
b) siente un impulso súbito
c) alguien le convence
d) está muy enfadado

107. Antonio se llevó un buen chasco con el empleado. Depositó en él toda la confianza poniéndolo de cajero, y *a las primeras de cambio* desapareció con todo el dinero.

a) en cuanto se le presentó la oportunidad
b) trabajando muy duro
c) viajando al extranjero
d) con su consentimiento

108. En ese restaurante hay que tener cuidado porque suelen *dar gato por liebre*. Recuerdo que en una ocasión pedimos una ración de mero y nos pusieron corvina.

a) engañar haciendo pasar una cosa por otra
b) esmerarse en el servicio
c) servir los platos fríos
d) invitar a una copa de cuenta de la casa

109. El profesor *dio por sentado* que todos tenían nociones elementales de física.

a) no sabía
b) consideraba como seguro
c) comprobó por medio de un examen
d) creía equivocadamente

110. Los políticos de hoy no tienen principios. *Cambian de chaqueta* sin el menor escrúpulo con tal de mantenerse en el poder.

a) ponen el grito en el cielo
b) echan zancadillas
c) cambian de agrupación política
d) se van a echar unas copas juntos

111. Tanto ocultismo a la hora de revelar las cuentas de la empresa le hizo pensar al presidente del Consejo de Administración que en la actitud del contable *había gato encerrado*.

a) se aunaban la eficiencia y la discreción
b) podía apreciarse una normalidad absoluta
c) había algo turbio que se trataba de ocultar
d) había indicios de que la empresa marchaba bien

112. Es difícil *darse un tortazo* yendo a esa velocidad.

a) no llegar a tiempo
b) ponerse nervioso
c) disfrutar del viaje
d) tener un accidente

113. Después de que traté de reconciliar a María y a Bernardo y al final terminaron culpándome de sus desdichas, decidí no *meterme en camisa de once varas* nunca más.

a) inmiscuirme en lo que no me importa
b) comprarme camisas tan largas
c) desearle la felicidad a nadie
d) enamorarme más

114. En estas confrontaciones internacionales, el equipo que consigue marcar en primer lugar es el que normalmente *se lleva el gato al agua.*

a) termina perdiendo
b) se alza con la victoria
c) juega a la defensiva
d) tiene más lesiones

115. El periodista *dio rienda suelta* a sus sentimientos antirracistas y denunció contundentemente la política del Gobierno.

a) renunció
b) no puso freno, en su artículo
c) antepuso la prudencia
d) no se refirió

116. Te dije que antes de *echar las campanas al vuelo* te aseguraras de que te habían realmente concedido el premio.

a) tocar las campanas de la iglesia
b) darle publicidad a la noticia
c) ir a cobrar
d) celebrar el banquete

117. Encarna es de esas que, *de golpe y porrazo*, te sueltan un exabrupto y se quedan como si nada.

a) de repente, sin esperarlo
b) haciendo lo imposible
c) sin darse cuenta
d) adivinando tu pensamiento

118. Ahora que *ha dado la vuelta la tortilla*, seguro que nos suben los impuestos.

a) ha aumentado el déficit público
b) el país exporta más patatas
c) han subido los sueldos
d) ha cambiado radicalmente la situación

119. Ya estaba hasta la coronilla de que Domingo se quejara siempre de su mala suerte y de que no hiciera nada por remediar su situación. Por eso ayer, cuando lo vi en el parque y me *vino con la misma canción*, lo dejé con la palabra en la boca.

a) insistió con pesadez sobre ello
b) trajo un disco de los Beatles
c) quiso pagar una copa
d) pidió un préstamo

120. El profesor de Adolfo, como queriendo rematar aquella enojosa conversación, le dijo a éste lo siguiente: una persona que *no da golpe* no está legitimada para protestar.

a) sale con chicas muy jóvenes
b) no mira a los ojos cuando alguien habla
c) no trabaja ni siquiera mínimamente

d) desconfía por sistema

121. Estaba clarísimo que iba a *darle sopas con honda,* como así ocurrió.

a) reconocerlo
b) concederle un premio
c) demostrarle claramente su superioridad
d) perjudicarlo notablemente

122. Aunque no había tocado un libro en todo el año, Rosa se presentó a las oposiciones aprovechando que por entonces su tío *estaba en el candelero* y podía echarle una mano.

a) vendía faroles
b) estaba enfadado con ella
c) disfrutaba circunstancialmente de mucha influencia y prestigio
d) estaba haciéndose un tratamiento contra la artritis

123. El alboroto que se organizó a la entrada se debió, por lo visto, a que un buen número de jóvenes pretendía asistir al concierto *de gorra.*

a) con pegatinas en la solapa
b) con botellas de cerveza
c) sin pagar
d) sin guardar cola

124. Anoche *me di un tute* corrigiendo exámenes. ¡Con decirte que me acosté a las cuatro de la mañana!

a) lo pasé muy bien
b) se me quitó el sueño
c) hice un gran esfuerzo
d) tomé mucho café

125. Nuestro profesor de matemáticas era tan especial que la verdad es que *ni buscando con candil* encontrarías otro igual.

a) ni siquiera intentándolo por todos los medios
b) riéndote de sus chistes
c) halagándolo en demasía
d) saliendo a pasear

126. Cuando vi que el coche venía hacia mí y no frenaba, *me quedé sin gota de sangre en el cuerpo.* Menos mal que, al final, el conductor pegó un golpe de volante.

a) me asusté lo indecible
b) me puse a saltar de contento
c) grité y corrí despavorido
d) se lo notifiqué al guardia

127. Desde que se fueron a vivir a la ciudad, sólo vienen por aquí *de uvas a peras.*

a) a recoger la cosecha
b) para visitar a sus familiares
c) ocasionalmente
d) en Navidades

128. Después de retrasarse más de una hora en llegar a la cita, intentó justificarse con excusas infantiles, pero estaba tan harto que tuve que *cantárselas claras.*

a) recitarle un soneto
b) darle abiertamente las quejas que tenía de él
c) dejarlo con la palabra en la boca
d) perdonarle su retraso

129. Siempre que le decía a mi cuñado que pasara a recogerme por el trabajo, éste lo hacía *de buen grado*. Por eso le estaré siempre agradecida.

a) mostrando su mala disposición
b) con un dolor de cabeza insoportable
c) con voluntad, de buena gana
d) con los nervios a flor de piel

130. Lo peor que puedes hacer, si quieres ganar el pleito, es ponerte en manos de uno de esos abogados *de tres al cuarto*.

a) de poca categoría profesional
b) poco agraciados
c) poco sociables
d) interesados sólo en asuntos civiles

131. Todos los indicios hacían pensar que, con los logros del año pasado, la economía se iba a reactivar, pero este año se encuentra de nuevo *de capa caída*.

a) decayendo o en crisis
b) boyante
c) dando muchos beneficios
d) en expansión

132. Si me gusta este médico es porque, además de tener mucha psicología para con los pacientes, *va directamente al grano*.

a) te alienta a echarle optimismo a la cosa
b) te pregunta cosas que no vienen a cuento
c) ni siquiera te habla
d) no se detiene en lo accesorio

133. Si no hay nadie que quiera hacer ese trabajo voluntariamente, tendremos que *echarlo a suertes*.

a) dejarlo para más adelante
b) decidir a quién le toca echándolo a cara o cruz
c) nombrar a una persona ajena
d) hacerlo entre todos

134. Con aquel actor podías tratar sin tapujos cualquier cuestión profesional; ahora, lo que es su vida privada, ésa la defendía *a capa y espada*.

a) sin mucho ahínco
b) con mucho celo y ardor
c) mostrando su disconformidad
d) matando a la gente con la espada

135. Prueba de que los políticos no son de fiar es que en el Parlamento siempre *andan a la greña* y luego los ves tomándose copas juntos y dándose palmaditas en la espalda.

a) se comportan versallescamente
b) sostienen disputas airadas
c) se piropean
d) los vence el sopor

136. Cuando, por razones profesionales, tiene que hacer un viaje al extranjero, siempre aprovecha la ocasión para *echar una cana al aire*.

a) permitirse alguna diversión o expansión
b) visitar a sus amigos
c) comprarse un sombrero nuevo

d) llamar por teléfono a sus padres

137. Cuando el profesor se enteró de que el que había armado el alboroto había sido Ricardo, en seguida lo *llamó a capítulo*.

a) alentó a seguir en el empeño
b) invitó a tomarse un helado
c) le dijo que lo aprobaría
d) lo recriminó por esa acción

138. Lo que más me molesta de Teresa es que cuando uno hace las cosas mal *pone el grito en el cielo*, pero cuando es ella la que se equivoca, entonces no hay quien le diga nada.

a) me felicita muy de veras
b) se enfada violenta y, por lo general, desproporcionadamente
c) toma represalias
d) consulta el horóscopo de ese día

139. En estos meses que te quedan para hacer el examen final tienes que *echar el resto*, pues de lo contrario te va a ser difícil aprobar.

a) preparar los ejercicios prácticos
b) levantarte muy temprano
c) comer más de lo normal
d) hacer un gran esfuerzo y estudiar más

140. Si mi hermano no me *hubiera echado un capote*, no hubiera podido presentar el trabajo a tiempo.

a) hubiera echado una mano
b) hubiera regalado un abrigo
c) hubiera contado sus penas
d) hubiera roto el cuaderno

141. Con él sufrí más de una afrenta, porque tenía la rara costumbre de *echarle el guante* a todo cenicero que pudiera enriquecer su colección particular.

a) despreciar
b) atacar
c) echarle mano
d) acorralar

142. Espero que no *eches en saco roto* esto que te acabo de decir. De lo contrario, me enfadaré contigo.

a) comentes con otras personas
b) tengas en cuenta
c) olvides
d) tergiverses

143. Como vimos que el chófer del autobús *tenía cara de pocos amigos,* decidimos dejarnos de juegos.

a) era un hombre alto
b) parecía malhumorado
c) nos miraba con simpatía
d) tenía sólo dos amigos

144. El entrenador y los jugadores *se tienen la guerra declarada*. ¡Así le luce el pelo al equipo!

a) se entienden a la perfección
b) mantienen una relación hostil

c) no hablan más que de baloncesto
d) ganan el mismo sueldo

145. Lo que más me molestó fue que la buena señora me *echase un rapapolvo* cuando yo no tenía nada que ver con el asunto.
a) dirigiera la palabra
b) considerase culpable
c) tuviera en tan alta estima
d) reprendiera severamente

146. Tanto indignó a mi tía que mi primo rompiera el jarrón grande que estaba encima de la mesa, que *le cruzó la cara.*
a) le puso una venda en la cara
b) le dio la espalda
c) le dio una torta en la cara
d) le tentó la risa

147. Al principio la cerveza sabe mal, pero en cuanto *le coges el gusto,* ya no paras. A mí por lo menos me sucede eso.
a) pagas la consumición
b) tc aficionas a clla
c) cambias de tipo de bebida
d) te la tomas en tu casa

148. Eso no es difícil para un experto como tú; lo puedes hacer *en un soplo.*
a) sin gran esfuerzo
b) muy bien
c) en muy poco tiempo
d) sin ayuda de nadie

149. Lo que me admira de él es que siempre está dispuesto a *dar la cara* si las circunstancias así lo requieren.
a) interceder por alguien
b) fastidiar al prójimo
c) asumir sus propias responsabilidades
d) divertirse

150. La proverbial ingenuidad de Pilar hizo que Felipe *se despachara a su gusto* contándole infundios, muchos de ellos concebidos sobre la marcha.
a) diera muestras de compasión
b) adoptara una actividad cautelosa
c) le advirtiera de posibles peligros
d) no se recatara lo más mínimo

151. *En resumidas cuentas,* todas las promesas que hizo el candidato se quedaron en nada cuando llegó al poder.
a) Poco a poco
b) Sin querer
c) Para decirlo en pocas palabras
d) En un instante

152. Después de la faena que me hizo, no debe extrañarte que *no le mire a la cara.*
a) le dirija la palabra
b) vea si va bien afeitado
c) le ayude a hacer el trabajo

d) me muestre ofendido con él y le niegue el saludo

153. El profesor les pidió a los alumnos que se centraran en la obra de Cervantes y que no descendieran a su biografía, porque eso *era harina de otro costal* a efectos del examen.

a) complicaba innecesariamente las cosas
b) no era pertinente u oportuno
c) representaría un suspenso automático
d) dejaría en mal lugar el prestigio de la institución

154. Yo creo que debes *enseñarles los dientes* para que se den cuenta de que no están tratando con un idiota.

a) halagarlos
b) hablarles con más respeto
c) amenazarlos, demostrándoles tu competencia y autoridad
d) sonreírles de vez en cuando

155. Rosendo estaba tan harto de los abusos de su jefe, que anoche *le plantó cara* y le cantó las cuarenta.

a) se le enfrentó
b) le obedeció muy sumisamente
c) le dijo que se iba
d) se lo contó a sus compañeros

156. Siempre que te encuentras a alguna persona en los pasillos, llegas tarde. Y es que, en cuanto *pegas la hebra...*

a) pronuncias una conferencia
b) pierdes el sentido de la responsabilidad
c) entablas conversación con alguien
d) terminas con la tarea del día

157. A finales de mes siempre *estoy a dos velas*.

a) estoy muy cansado
b) estoy de viaje
c) estoy sin una perra (muy escaso de dinero)
d) estoy lleno de deudas

158. Rosario tenía el apartamento *como los chorros del oro*.

a) adornado con oro
b) con las paredes chorreadas
c) sumamente limpio
d) con goteras

159. La verdad es que Rosa *respira por la herida* cada vez que nombra a su ex novio.

a) habla con resentimiento o rencor
b) no termina de curar de sus magulladuras
c) trata de olvidar el pasado
d) insiste en llevar la contraria

160. No sé qué habrá pasado entre ellos. Antes eran muy amigos, pero desde hace algún tiempo *están a rabiar*.

a) están muy delgados
b) se llevan muy mal
c) no vienen por aquí
d) les importa todo un pepino (nada les importa)

161. Cuando le dijeron en la empresa que este año no podría irse de vacaciones, *soltó el chorro* y puso a parir al jefe.

a) prorrumpió en quejas
b) se fue al baño y abrió el grifo
c) se fue contento para su casa
d) dijo que no le importaba

162. Siempre que quiero *romper el hielo* ante personas desconocidas empiezo hablando del tiempo. Da resultado.

a) llevar la voz cantante
b) deshacer la frialdad o embarazo
c) acabar con brusquedad la trayectoria
d) cambiar el curso

163. Mi primo acabó sus estudios hace dos años y aún no tiene trabajo. Por eso *está a la que salta*.

a) está muy descorazonado
b) quiere presentarse a unas oposiciones
c) tiene ganas de marcharse al extranjero
d) está dispuesto a aceptar cualquier trabajo que le ofrezcan

164. Estuve toda la tarde esperando por ella y no vino. Cuando la vea, *la pondré como chupa de dómine.*

a) le mostraré airadamente mi enfado
b) haré como si no hubiera pasado nada
c) le agradeceré que no acudiera a la cita
d) le daré un tirón de oreja

165. Cuando vi que la cosa pasaba a mayores, traté de *quitarle hierro* a la discusión diciendo que, en realidad, todo se debía a un malentendido.

a) restarle gravedad
b) acercarme con cautela
c) acostumbrarme como pude
d) aferrarme lo más posible

166. Felipe es un tipo muy simpático, aunque debes reconocer que *está como una regadera*.

a) está chiflado
b) está muy solo
c) es muy pesado
d) tiene muy mal genio

167. El millón que me saqué en la lotería me vino *como caído del cielo*.

a) por correo aéreo
b) sin esperarlo, pero muy afortunadamente
c) a poner en un aprieto
d) muy corto para todo lo que tengo que pagar

168. *Echar los hígados* para que luego te paguen una miseria, la verdad, no lo aguanta nadie.

a) Esforzarse al máximo
b) No comparecer al trabajo
c) Hacer una buena inversión
d) Someterse a un trasplante

169. Cuando le demostré que no tenía razón y que su comportamiento era el propio de un adolescente, el secretario cambió de actitud y ahora *está como una seda*.

a) no dice tacos
b) se pasa el día sin apenas hablar
c) está muy dócil y sumiso
d) trabaja más que antes

170. La injusticia que cometieron con Bernardo, *clama al cielo*.
a) no es muy censurable
b) es merecedora de condenación por cruel y abusiva
c) debe ser denunciada ante los tribunales
d) se la merecía

171. Amparo permanecía discretamente callada porque no *había cogido el hilo* de la conversación.
a) se había desentendido
b) había tomado el gusto
c) había conseguido captar el sentido
d) tenía nociones sobre el tema

172. Mis alumnas están todas enamoradas de ese actor: dicen que *está como para parar un tren*.
a) tiene muchísimo dinero
b) siempre viaja en tren
c) canta muy bien
d) es muy guapo y atractivo

173. *Removí el cielo y la tierra* para encontrar el libro que me había encargado, y luego ni me lo agradeció.
a) hice muchas gestiones hasta agotar todos los medios
b) consulté por teléfono
c) no me molesté
d) me resultaron inútiles todos los esfuerzos que hice

174. En tiempos de crisis, aun los puestos de trabajo que parecen más seguros *están pendientes de un hilo*.
a) son los que la gente anhela menos
b) son los mejor pagados
c) son los que más falta hacen
d) pueden desaparecer en cualquier momento

175. Su familia *está con la soga al cuello*: aparte de tener muchas deudas, el padre se ha quedado sin trabajo.
a) tiene muchas dificultades económicas
b) está a punto de emigrar al extranjero
c) está muy decepcionada
d) no sabe qué decisión tomar

176. Cuando me encontré en Londres con mi profesor de inglés, *vi los cielos abiertos*, ya que mi conocimiento de esta lengua es muy escaso.
a) me di cuenta de que estaba el día claro
b) me puse a llorar
c) me alegré mucho
d) me hice el loco

177. «Conviene *hilar muy fino* para no herir la susceptibilidad de algunos espectadores», ordenó el director del programa.

a) no tener prisa
b) tener sumo cuidado y tacto
c) cuidar la estética
d) usar prendas de hilo

178. Pensábamos cenar en el restaurante de siempre, pero como *estaba de bote en bote* tomamos unas tapas en la barra.
a) era ya muy tarde
b) estaba lleno de gente
c) hacía mucho calor
d) iban a cerrar

179. Felisa está dispuesta a casarse *contra viento y marea.*
a) haciendo frente a todo tipo de inconvenientes
b) con la cara hacia el viento y el mar
c) sin decírselo a sus padres
d) enfrentándose a su novio

180. El desconocido me miraba *de hito en hito* como intentando reconocerme.
a) de mala manera
b) con ojos que denotaban desconfianza
c) despreocupadamente
d) fijamente, sin pestañear

181. Algo le ha pasado esta mañana que *está de muy mala uva*; apenas se puede hablar con él.
a) tiene muchos dolores
b) tiene un humor de perros
c) no para de entrar y salir
d) está muy ensimismado

182. Tras recibir la herencia de su padre, Pedro comenzó a gastar tanto dinero *sin ton ni son,* que al cabo de pocos meses ya se había arruinado.
a) de mala gana
b) sin darse cuenta
c) a toda prisa
d) sin causa o motivo aparente, alocadamente

183. A Jesús se lo tolero todo menos que *me mire por encima del hombro,* sobre todo teniendo en cuenta que esas ínfulas carecen del menor fundamento.
a) me trate despreciativamente y como con soberbia
b) me despierte a deshoras
c) me deje en ridículo ante mis amigas
d) se crea el más guapo de la pandilla

184. No creas que lo vas a impresionar con tus ideas revolucionarias, pues *está de vuelta* de todo.
a) acaba de regresar del extranjero
b) es una persona de convicciones muy firmes
c) tiene mucho dinero
d) tiene mucha experiencia y por eso ha perdido, en parte, la ilusión

185. José era tan holgazán, que no me quedó otro remedio que *apretarle las clavijas* durante los dos meses que estuvo trabajando conmigo.
a) afinarle una guitarra que tenía
b) tratarlo con severidad sin permitir que dejara de cumplir su tarea

c) mandarle el sueldo a su casa
d) tratarlo con mucha amabilidad

186. Cristina, cada vez que conocía a un chico que le gustaba mínimamente, se metía *de hoz y coz* en la aventura de un nuevo noviazgo.
a) sin haberlo previsto
b) intensamente, sin mayores reservas
c) para darles envidia a sus amigas
d) con disimulo

187. Quedamos a las siete en la cafetería Plaza, pero como tú *estabas en Babia* no te enteraste.
a) estabas sordo
b) tenías mucha prisa
c) estabas distraído, con la mente en otra parte
d) aún no habías llegado

188. Incluso los más prudentes, en una situación semejante, *se agarrarían a un clavo ardiendo*.
a) tratarían de aguantar hasta el final
b) se sentarían un rato hasta descansar
c) aprovecharían cualquier medio que les permitiera salir del apuro
d) se fumarían un cigarrillo para relajarse

189. Después de que lo nombraron asesor del presidente, *se le han subido los humos a la cabeza* de tal manera, que le cuesta incluso saludar.
a) ha contraído una grave enfermedad cerebral
b) ha fracasado estrepitosamente
c) no ha tenido consideración con los subordinados
d) se ha ensoberbecido

190. Ya sé que te corre prisa formalizar la matrícula de tu hijo, pero no te preocupes que *estoy en ello*.
a) ya me estoy ocupando de ese asunto
b) sé lo que tengo que hacer
c) creo que no es tan urgente
d) ya está hecha

191. Si no has entendido bien el primer ejercicio, es muy difícil que *des en el clavo* en este segundo.
a) falles
b) aciertes
c) tardes mucho
d) dejes de aprender algo

192. En la reunión, y *a hurtadillas*, Leopoldo le guiñó un ojo a su amigo para que éste captara la ironía de sus palabras.
a) oculta o disimuladamente
b) sin pretender ofenderlo
c) a sabiendas de que iba a caerle gracioso
d) sin importarle la presencia de los niños

193. Ahora que heredó muchos millones de su tío, *está hecho un brazo de mar* cada vez que sale de casa.
a) se viste con mucho gusto y elegancia
b) gasta mucho dinero en regalos

c) invita a todos a su yate
d) hace muchas tonterías

194. Por la mañana metí la pata rompiendo un vaso y por la noche *remaché el clavo* rompiendo una bandeja de copas completa.
a) me superé
b) quise pagar mi error
c) me disculpé
d) insistí en la torpeza

195. Cuando finalmente le comunicaron que no se libraría de la mili, la noticia *le sentó como un jarro de agua fría.* ¡Él, que tantas esperanzas había albergado!
a) la recibió con desilusión y sumo disgusto
b) lo dejó indiferente
c) se la dieron por teléfono
d) lo sumió en una gran cavilación

196. Después de desfilar tres cuartos de hora bajo la lluvia, el soldado *estaba hecho una sopa.*
a) tenía mucha hambre
b) estaba muy mojado
c) tenía mucha sed
d) estaba muy cansado

197. Desde que se jubiló, se aficionó a *empinar el codo.*
a) levantarse temprano
b) hacer ejercicios físicos
c) ingerir con exceso bebidas alcohólicas
d) regañarles a sus nietos

198. Aquella era ya su tercera novia y a sus 30 años estaba decidido a *jugarse el todo por el todo* y a casarse de una vez.
a) no participar nunca más como profesional
b) arriesgarse a sabiendas de que el resultado podía ser bueno o malo
c) buscarse una cuarta
d) poner un negocio

199. Todo el mundo coincide en que el prestigio del dentista que extrajo una muela sana a su paciente *está por los suelos.*
a) es merecido
b) no ha decaído
c) está depreciado
d) está más alto que nunca

200. Cuando tiene unas copas de más, *habla hasta por los codos.*
a) habla mucho
b) halaga mucho a la gente
c) no sabe qué decir
d) está muy atento a lo que dicen los demás

201. La verdad es que esa película, para el cartel y el elenco de actores que tiene, *no es nada del otro jueves.*
a) despierta el interés del más apático
b) sólo la proyectan un día a la semana
c) no es nada deslumbrante
d) sólo pueden verla los mayores de 18 años

202. A. ¿Crees que podrás resolver tú solo esa papeleta?
B. ¡Hombre, *está tirado*!
a) cuesta dinero
b) es muy fácil
c) no merece la pena
d) no es tan fácil

203. Ya verás que la expulsión del periodista del diario «La voz del pueblo» va a *traer cola*.
a) tener consecuencias
b) resultar muy divertida
c) servir de escarmiento
d) pasar inadvertida

204. Hoy quisiera —empezó diciendo el conferenciante— *romper una lanza* en favor de los traductores, que son olvidados muchas veces en las obras literarias que traducen.
a) mostrar mi debilidad
b) hacer un ejercicio de reconocimiento y justicia
c) hablar largo y tendido
d) hacer una suscripción popular

205. El pueblo celebraba en las calles la noticia de que el dictador había *estirado la pata*.
a) levantado el toque de queda
b) restituido las libertades públicas
c) muerto
d) mejorado de salud

206. Ese pantalón y esta chaqueta *no pegan ni con cola*.
a) están muy raídos
b) están sucios
c) no combinan nada bien
d) se han quedado anticuados

207. «Para triunfar de verdad en la vida no hay que *dormirse en los laureles.*» Con estas palabras pretendía don Justo indicarle el buen camino a su hijo.
a) dejarse adormecer por una infusión de laurel
b) renunciar al apellido paterno
c) cesar en el empeño tras un logro
d) dejar de hacer deporte todos los sábados

208. Debido a la crisis económica por la que pasaba el país, la empresa que montó en las afueras de la ciudad empezó a *hacer agua*.
a) utilizar sólo energía térmica
b) producir pérdidas
c) despedir al personal
d) fabricar productos de belleza

209. Como Rosario era tan joven, *lo veía todo de color de rosa*.
a) veía las cosas con aspecto agradable y optimista
b) le gustaba coger rosas en el campo
c) estaba muy enamorada
d) era daltónica

210. Cuando quieras que algo no se sepa, no se lo cuentes a nadie. De lo contrario, siempre termina alguien *yéndose de la lengua*.
a) interesándose por nuestro árbol genealógico

b) renegando de nuestra amistad
c) siendo indiscreto
d) maldiciendo a tirios y troyanos

211. Apenas le comunicaron la noticia, *le faltó tiempo* para ir a la estación a recibir a su amiga.
a) pensó que no disponía de tiempo
b) inmediatamente se preparó
c) no llegó a tiempo
d) tuvo que esperar mucho tiempo

212. Era tan tímida, que, cuando le dije que estaba muy guapa, *se puso de mil colores.*
a) se puso trajes de muchos colores
b) se alegró mucho
c) me dio las gracias
d) se ruborizó

213. Con aquellas preguntas, aparentemente inocentes, mi tía trataba de *tirarme de la lengua.*
a) ilustrarme
b) enseñarme a pronunciar bien
c) hacerme hablar sobre lo que yo no quería
d) cogerme en una mentira

214. Cada vez que te pido que cantes algo, *te haces (de) rogar.*
a) haces ejercicios para la voz
b) te escondes detrás de la puerta
c) pones muchas condiciones
d) no accedes sino después de que haya insistido bastante

215. La película que vimos ayer por televisión era *subida de tono/color.*
a) en tecnicolor
b) muy escabrosa
c) sólo para niños
d) muy interesante

216. Tratar de *guardar la línea* intentando conseguir lo que la naturaleza nos niega, es crear las condiciones para que surja un complejo.
a) mantenerse delgado y esbelto
b) no desviarse del camino recto
c) emprender una cruzada
d) ir en contra de lo legislado

217. La enfermera tuvo que *hacer de tripas corazón* mientras ayudaba por primera vez a amputar una pierna.
a) apartar la vista
b) auscultar al paciente
c) armarse de valor
d) tranquilizar al paciente

218. Me contó todo lo que había sucedido en la excursión *sin faltarle ni una coma.*
a) con mucha prisa
b) sin omitir ningún detalle
c) muy por encima
d) sin muchas ganas

219. Al dirigirme a Susana para recriminarle su mala acción trató de *hacerse la loca.*
a) dar la impresión de estar demente

b) parecer distraída
c) amenazarme
d) asustarme diciendo que llamaría a la policía

220. Le salió el tiro por la culata, pues lo único que consiguió con sus declaraciones fue *hacer el caldo gordo* a los que están en el poder.
a) favorecer
b) provocar
c) defraudar
d) atemorizar

221. ¡Hay que ver cómo te gusta *hacer la comedia*! Ni siquiera te he rozado y te has puesto a cojear exageradamente.
a) simular
b) trabajar en el teatro
c) contar chistes
d) hacer reír a la gente

222. Cuando le dijeron que en aquel local recreativo no se podía entrar sin chaqueta y corbata, Pedro *se quedó a la luna de Valencia*. Y es que de un plumazo acabaron con las ilusiones de toda una semana.
a) lo atribuyó a un despiste
b) sufrió una gran decepción, un gran chasco
c) exigió el libro de reclamaciones
d) puso el hecho en conocimiento de las autoridades

223. El conductor *se hizo el sueco* cuando el policía le ordenó detenerse.
a) frenó en seco
b) asintió con la cabeza
c) aceleró bruscamente
d) fingió no entender

224. Me dio tal susto al doblar la esquina, que *me dejó clavado*.
a) me quedé atónito, sin saber qué hacer o qué decir
b) me paré para saludarlo
c) me tuvieron que llevar al médico
d) le di las gracias por el favor

225. Las relaciones con mi jefe van *de mal en peor*; cualquier día me encontraré con la carta de despido. Ahora, eso sí, me iré con la cabeza bien alta.
a) estupendamente
b) por buen camino
c) con lentitud pero seguras
d) crecientemente mal

226. A pesar de que Pedro tiene muchos defectos y de que, como persona, es insoportable, me da mucha pena cuando le *hacen el vacío* en alguna fiesta o reunión.
a) gastan bromas
b) dan de lado, no le hacen caso
c) piden dinero
d) dan bofetadas

227. Ricardo es tan tacaño, que solamente le paga a sus empleados *lo comido por lo servido*.
a) grandes banquetes
b) un camarero para que les sirva la comida

c) muy poco para que adelgacen
d) sólo lo justo para comer

228. Se rumorea que este año van a *abrir la mano* en las oposiciones. Por lo visto, van a ser las últimas, al menos según el actual sistema.
a) repartir prebendas
b) cantar «La Internacional»
c) aflojar el grado de exigencia
d) aprobar sólo a los más guapos

229. El jefe del partido ha descubierto que sus propios compañeros le *hacen la contra.*
a) están utilizando
b) boicotean sus proyectos
c) permiten tomar cualquier tipo de decisión
d) admiran profundamente

230. Después del desengaño que sufrió con sus amigos, *se metió en su concha* y ya no quiere saber nada de nadie.
a) se fue a vivir a San Sebastián
b) se apartó del trato con la gente
c) trabaja de sol a sol
d) fue a pedirles perdón

231. El abogado le decía a su defendido que el caso se presentaba difícil porque había varios testigos que lo *habían cogido con las manos en la masa.*
a) habían zarandeado
b) habían atracado por la espalda
c) habían sorprendido cometiendo el delito
d) habían visto amasando el pan

232. Miguel se pasó todo el año *haciéndole la rosca* al jefe para que le concediera unos cuantos días más de permiso.
a) preparándole rosquillas
b) amenazando
c) haciéndole señas
d) adulándolo

233. Ten cuidado con Alfredo porque, aunque parece muy ingenuo, *tiene más conchas que un galápago.*
a) está coleccionando conchas
b) es muy hablador
c) es una persona difícil de convencer
d) es muy astuto y disimulado

234. Las noticias que no son *de primera mano* casi siempre están tergiversadas. Y es que los intereses de las empresas periodísticas son muy fuertes.
a) fiables, contrastadas
b) auténticos bulos
c) de política
d) directas, sin intermediarios

235. El último día de clase el profesor *hizo la vista gorda* ante la indisciplina de sus alumnos.
a) se llevó un disgusto
b) quedó gratamente impresionado
c) se hizo el desentendido

d) salió de la clase

236. Le dije que no le prestaría ni un céntimo y luego *me remordió la conciencia* toda la tarde.

a) me quedé muy tranquilo
b) dormí toda la noche a pierna suelta
c) sentí pesar por haberlo hecho
d) me dolió la cabeza

237. El estadio, tan coqueto cuando lo inauguraron, últimamente *está dejado de la mano de Dios*. ¡Con decirte que se han llevado hasta las puertas!

a) está que reluce de limpio
b) está siendo utilizado para actos políticos
c) está abandonado o descuidado por completo
d) está inundado por las lluvias torrenciales caídas

238. Algunos opinan que la primera actriz está *haciendo sombra* al protagonista.

a) ayudando con buenos consejos
b) dejando en segundo plano
c) criticando constantemente
d) haciendo repetir muchas escenas

239. Puedes creer lo que dice porque habla *con conocimiento de causa*.

a) sin saber filosofía
b) conoce debidamente el asunto de que se trata
c) sin haberle preguntado al portero
d) sin utilizar palabras técnicas

240. Ahora, con esto de la zafra, estoy muy apurado. A ver si me *echas una mano*. Para algo están los amigos, ¿no?

a) envías la documentación
b) compras el producto
c) buscas nuevos clientes
d) ayudas un poco

241. Con tu tajante negativa estás *haciendo un flaco servicio* a la comunidad.

a) perjudicando
b) ayudando
c) poniéndoselo demasiado fácil
d) dejando la solución del problema

242. Me confesó *con el corazón en la mano* que la quería como a una madre.

a) con toda sinceridad
b) levantando mucho la voz
c) llorando
d) poniéndose una mano en el corazón

243. Ahora, con esto de la crisis y la aparición de la informática, hay mucha gente que *está mano sobre mano* en las esquinas.

a) coloca carteles
b) hace huelga de hambre
c) charla amigablemente
d) está ociosa, sin hacer nada

244. Quisiera devolverte el recibo ahora mismo, pero con tantos papeles encima de la mesa *me he hecho un lío/taco*.

a) tendrás que esperar
b) estoy confuso (no sé dónde lo he puesto)
c) no se si podré
d) me he puesto de mal humor

245. Cuando me contaron cómo la habían asesinado *se me encogió el corazón.*
a) tuve que acudir al médico
b) me quedé triste y anonadado
c) tuve que dejar mi trabajo
d) empecé a saltar de alegría

246. A. Yo no me creo que los rusos *se froten las manos* cada vez que los americanos tienen un fracaso espacial.
B. Pues yo sí.
a) lloren desconsoladamente
b) erijan un monumento
c) sientan una satisfacción maligna
d) redoblen los esfuerzos en ese campo

247. Desde el primer momento, María, con su simpatía y espontaneidad, me *hizo tilín.*
a) agradó
b) dio un susto
c) pidió dinero
d) invitó a su casa

248. En el reportaje de ayer, *se me partía el corazón* al ver aquellos niños famélicos casi agonizando.
a) era muy divertido
b) daban ganas de comer
c) producía mucha lástima
d) resultaba muy estético

249. Cuando mi mujer le solicitó una recomendación al director, éste le dijo que el asunto estaba difícil pero que *haría todo lo que estuviese en su mano.*
a) denunciaría el hecho por intento de soborno
b) se liaría a tortas si fuese preciso
c) desplegaría el máximo esfuerzo para lograrlo
d) no movería un dedo para conseguirlo

250. Siempre que viene por el pueblo tiene que *hacer (una) de las suyas.* No lo puede remediar.
a) visitar a sus amigos
b) hacer un donativo a la iglesia parroquial
c) cometer alguna acción reprobable de las que lo caracterizan
d) ir de pesca

251. *Estoy hasta la coronilla* de tus caprichos.
a) Me río
b) Prefiero no hablar
c) Estoy contento
d) Estoy harto

252. Esteban, que actuaba como hombre bueno en aquella discusión, tuvo que *irse con las manos vacías* a pesar de sus acreditadas dotes de negociador.
a) enemistarse con las dos partes

b) marcharse sin lograr en absoluto su propósito
c) hacerse el despistado
d) tomarse unos días de descanso

253. Es mejor que me lo cuentes luego porque ahora *hay ropa tendida.*
a) estoy ocupado
b) tengo prisa
c) alguien que no debe nos está escuchando
d) tengo hambre

254. Puedes gastarme todas las bromas pesadas que quieras. Yo *tengo correa* para rato.
a) tengo un cinturón grueso
b) soy partidario de los juegos de mano
c) tengo mal genio
d) tengo bastante aguante

255. El italiano dijo muy claro que, si el hecho llegaba a los tribunales, él *se lavaría las manos* en aquel asunto de drogas y prostitución.
a) estaría dispuesto a jugarse la vida
b) se sacudiría toda responsabilidad
c) procuraría portarse bien con los encarcelados
d) pediría de inmediato la libertad bajo fianza

256. En esta reunión no hay forma de ponerse de acuerdo porque cada uno *va a lo suyo.*
a) vive en un sitio diferente
b) sólo se preocupa de sus propios intereses
c) propone una cosa distinta
d) cree que su opinión es la mejor

257. Todos parecen muy serios y honrados, pero la verdad es que *el que no corre, vuela.*
a) a todos les gusta volar en avión
b) les gusta comer bien
c) están dispuestos a sacar provecho como los demás
d) todos tienen pájaros en la casa

258. Desde que la nueva junta accedió a la dirección del club, el equipo, las taquillas y todo *va manga por hombro.* ¡Si ya lo decía yo...!
a) están que mejor imposible
b) no han conocido una época más conflictiva
c) van muy mal y sin la debida orientación y control
d) van a ser embargados por falta de liquidez

259. Nuestro proyecto *va viento en popa,* aunque al principio tuvimos numerosos problemas.
a) marcha muy bien
b) ya ha sido terminado
c) es probable que nos lo acepten
d) es muy interesante

260. Como sé que no puedo cambiar el mundo, *me dejo llevar por la corriente.*
a) no me opongo a la marcha espontánea de las cosas o a lo que hacen otros
b) me gusta bañarme en el río
c) saco todo el partido que puedo
d) estudio mucho para ser una persona de provecho

261. No sé si mi marido dará marcha atrás esta vez. Lo que te puedo decir es que, en ocasiones similares, siempre *se ha mantenido en sus trece.*

a) ha preferido el diálogo a la discusión
b) se ha revelado como una persona inteligente
c) se ha mostrado obstinado y contumaz
d) se ha atrevido a decirme que yo era la culpable

262. Las cosas le *van sobre ruedas* a nuestro equipo ahora que se ha clasificado para las semifinales.
a) han salido regular
b) marchan bien
c) han sorprendido negativamente
d) afectan poco

263. Nunca he tenido problemas con el jefe porque le suelo *llevar la corriente*.
a) acompañar a tomar copas
b) aceptar todo lo que dice
c) decir sinceramente lo que pienso
d) dar consejos

264. Si me siguen haciendo la vida imposible en la empresa, no tendré otro remedio que *liarme la manta a la cabeza* e irme al paro hasta conseguir otra cosa.
a) pedir un aumento de sueldo
b) hacer unas oposiciones
c) decidirme a pesar de los riesgos
d) denunciar el hecho en magistratura

265. Ésa es una profesión en la que te *juegas el tipo* a diario.
a) arriesgas la vida
b) diviertes mucho
c) acostumbras a vestir con elegancia
d) puedes lucir

266. Como el coche viejo me estaba proporcionando tantos trastornos, decidí *cortar por lo sano* y comprarme uno nuevo.
a) tirarlo por un barranco
b) regalárselo a los pobres
c) dejar de usarlo porque me ocasionaba muchos disgustos
d) pintarlo de nuevo

267. La sospecha de los devaneos extramatrimoniales de Gerardo había hecho que su esposa se decidiese a *tirar de la manta*. Esta vez —decía— contrataré si es preciso a un detective privado.
a) sacrificarse por los niños
b) irse con su madre
c) descubrir lo que aquél trataba de ocultar
d) solicitar el divorcio de inmediato

268. En lo que va de mañana ya ha recibido tres buenas noticias; parece que hoy se ha *levantado con el pie derecho*.
a) olvidado de sus dolencias
b) levantado con suerte
c) levantado muy temprano
d) hecho a la idea

269. Aunque le había dado calabazas repetidas veces, no cejó en su empeño de *hacerle la corte*.

a) insultarla
b) galantearla
c) pedirle un préstamo
d) hacerla sufrir

270. Yo *estaba en mantillas* hasta ayer en que a Ricardo se le escapó (porque se vio que se le escapó) que, por lo visto, iban a montar un negocio entre los dos.
a) lo desconocía totalmente
b) disponía de información
c) estaba casi seguro
d) desconfiaba del hecho

271. Después de esperar más de dos horas, Rosa llamó para decirle que no podía venir. Se subió al coche con tal enfado que, al entrar, se rompió las gafas al mismo tiempo que exclamaba: *¡Lo que faltaba para el duro!*
a) ¡Para colmo, esto!
b) ¡Tengo mucha hambre!
c) ¡Qué tarde es ya!
d) ¡De prisa, por favor!

272. A pesar de que me cansé de insultarlo, *me quedé corto*, para lo que se merecía.
a) le dije menos de lo que la cosa merecía
b) me pidió perdón
c) le hice un regalo
d) me dijo que me callara

273. En este país se hace todo *a marchas forzadas* y, claro, así salen las cosas. Y es que no tenemos arreglo.
a) con una previsión envidiable
b) con mucha prisa y precipitación
c) con una pasión digna de mejor causa
d) tomando las medidas que hay que tomar

274. No creas que va a ser *llegar y besar el santo*. María es muy obstinada y nos va a costar mucho convencerla.
a) como tú te imaginas
b) imposible
c) tan sencillo
d) bien visto

275. Aunque el abrigo le costó caro, sin embargo, *no era nada del otro jueves*.
a) tenía una semana de hecho
b) no tenía nada de extraordinario
c) le encogió cuando lo lavó
d) se lo ponía sólo los jueves

276. Conviene que tengas cuidado con ése: aunque parece que no ha roto nunca un plato, en realidad *las mata callando*.
a) es un despistado
b) es capaz de hacer malas acciones aunque no lo aparente
c) no tiene el menor cariño por los suyos
d) es atrevido hasta extremos difíciles de imaginar

277. A Marisa le encanta *llevar la contraria* a todo el mundo.
a) cantar las cuarenta

b) ayudar
c) contradecir
d) escuchar

278. Es tan testaruda, que, simplemente por salirse con la suya, fregó primero los pisos del pasillo y luego los del dormitorio. Eso es lo que se llama *poner el carro delante de las mulas.*

a) anticipar una acción que, razonablemente, debe seguir a otra
b) hacer las cosas según su sucesión natural
c) ser muy habilidosa
d) llevar la corriente

279. Perdí todo crédito en el afecto de Pedro hacia mí cuando me dijeron que yo *no sabía de la misa la media/mitad* sobre sus habladurías a mis espaldas.

a) debía continuar en el empeño
b) había dado una conferencia
c) no estaba enterado del todo
d) tenía una gran influencia

280. Desde que su padre sufrió el infarto, Enrique *lleva las riendas* del negocio.

a) se encarga
b) se apartó
c) no quiere oír hablar
d) vendió gran parte

281. Cuando me enteré de que me habían rechazado la primera solicitud por falta de justificaciones, *volví a la carga* con otra instancia más detallada.

a) elevé una protesta enérgica al ministro
b) insistí de nuevo en mi pretensión
c) me desanimé y decidí arrojarlo todo por la borda
d) consulté el código civil para saber si tenía razón

282. Luisa, mi hermana, siempre dice que mi carácter me convierte en la persona idónea para comunicarle las malas noticias a la familia. Y, la verdad, ya estoy un poco cansada de *cargar con el mochuelo.*

a) insistir sin el menor éxito
b) predicar la paz y la concordia
c) acudir a la cita y que me dejen plantada
d) tener que desempeñar este fastidioso papel sin corresponderme

283. No es fácil *mantener el tipo* cuando uno se ve amenazado por todas partes.

a) actuar serenamente, con valentía
b) hacer buenos negocios
c) tener amigos
d) mantenerse en buena forma física

284. Aunque, de niñas, Rosa y Margarita *eran uña y carne,* ya de mayores ni siquiera se saludaban.

a) eran primas hermanas
b) trabajaban en un salón de manicura
c) estaban unidas por un gran afecto
d) comían juntas todos los fines de semana

285. Una deuda de esas proporciones, digan lo que digan, *no es moco de pavo.*

a) se puede pagar aunque sacrificándose
b) permiten amortizarla con facilidades

c) no es asunto de poca importancia
d) deja a cualquiera indiferente

286. A los pocos minutos de aparecer en el escenario ya *se había metido en el bolsillo* a todo el público.
a) había aburrido
b) había defraudado
c) había causado muy buena impresión
d) había pedido perdón

287. Ricardo estaba tan colado por la dependienta de aquella *boutique*, que ese día por la tarde *echó toda la carne en el asador* para que aceptara su invitación a cenar.
a) puso en juego de una vez por todas sus artes persuasorias para conseguir sus propósitos
b) le preparó un exquisito asado de carne
c) estudió bien lo que pensaba hacer
d) le ofreció dinero

288. Ahora que proyectaba hacer algunas reformas en la casa, las 500.000 pesetas de la quiniela me han venido *de perilla.*
a) sin esperarlo
b) muy oportunamente
c) cuando ya no las necesitaba
d) dentro de un sobre lacrado

289. Le aconsejé que no *se metiera en camisa de once varas,* pero no me hizo caso.
a) se pusiera una camisa a rayas
b) buscara problemas, líos
c) se esforzara tanto
d) llegara tarde

290. Yo creí que Domingo era un amigo sincero. Pero hoy *se quitó la careta* al decirme que lo que le interesaba por encima de todo eran sus propios asuntos.
a) se limpió el maquillaje
b) me halagó
c) se despidió
d) se desenmascaró

291. Quien actúa así y además con manifiesta mala intención merece que *le paguen con la misma moneda.*
a) se le dispense toda la consideración del mundo
b) lo traten en justa correspondencia
c) se le obligue a asumir su responsabilidad
d) se le reprenda severamente

292. A pesar de que le hicieron varias preguntas muy delicadas, supo muy bien *nadar y guardar la ropa.*
a) salirse por la tangente
b) contestarlas brillantemente, sin comprometerse
c) expresar su postura al respecto
d) dejar en ridículo al entrevistador

293. Haciendo caso omiso de la prohibición de bañarse en aquella playa, el turista alemán se lanzó al agua, pero *le costó cara* su imprudencia porque al instante se lo tragó el mar.
a) tuvo que pagar mil pesetas de multa

b) le acarreó un grave perjuicio
c) cogió un constipado
d) pidió socorro

294. Desde que Esther ha empezado inesperadamente a prodigarme regalos, *estoy con la mosca detrás de la oreja*. ¡Ojalá me pase de receloso!
a) me encuentro gratamente sorprendido
b) me enfado porque sé que tengo que corresponderla
c) experimento una cierta sospecha, acaso infundada
d) las relaciones con ella han mejorado sensiblemente

295. He intentado llevarla de viaje conmigo, pero *ni a la de tres*. Dice que donde mejor se encuentra es en su casa.
a) sólo ha aceptado en tres ocasiones
b) se ha negado rotundamente
c) no le gustan los viajes largos
d) se marea mucho

296. Rafael tuvo que *aguantar carros y carretas* antes de conseguir el puesto de jefe de sección.
a) trabajar de carretero
b) estudiar muchas matemáticas
c) padecer mucho
d) dorarle la píldora al empresario

297. Ahora que ha bajado la gasolina casi diez pesetas, ya no compensa tener un coche *de mala muerte*.
a) nuevo
b) malo y de poca entidad
c) con el cual se pueda presumir
d) que se rompe con mucha frecuencia

298. Cuando le sugirieron que fuese a Benidorm a pasar las vacaciones, se negó en redondo. Dijo que él no iba a ese lugar *ni a tiros*.
a) sino como último remedio
b) ni a ningún otro
c) ni a la fuerza
d) en esta época del año

299. Anselmo se había tomado tantas confianzas con la portera, que ésta tuvo que *pararle el carro*.
a) ayudarle a parar el coche
b) animarlo a continuar
c) prestarle dinero
d) impedirle que siguiera adelante en esa línea

300. Cuando lleve un año al frente del partido, presentaré irrevocablemente la dimisión, y que sea otro el que *cargue con el muerto*.
a) arrostre los problemas que el cargo conlleva
b) diga si la dirección ha de ser colegiada o no
c) me imite en mi actitud
d) dé las explicaciones que yo me niego a dar

301. Toda esa historia es muy bonita, pero comprenderás que *no comulgo con ruedas de molino*.
a) no me vas a engañar porque no creo nada de lo que me dices

b) no puedo esperar nada bueno de ti
c) es fácil equivocarse
d) ya es muy tarde para arrepentirse

302. Oí decir que habían puesto en libertad al hijo de aquel magnate porque *le untó el carro* al juez que llevaba el caso.
a) le engrasó las ruedas del carro
b) sobornó
c) paseó en un carro
d) castigó

303. Siempre que el profesor miraba hacia la derecha cogía a Asunción *pensando en las musarañas.*
a) atenta y sin pestañear
b) haciendo dibujos en el cuaderno
c) distraída y como ausente
d) hablando con su compañera de pupitre

304. Es tan absurdo lo que dices que nadie te va a creer, y menos Javier, que *no comulga con ruedas de molino.*
a) no tiene pelos en la lengua
b) se hace de rogar
c) no se deja engañar fácilmente
d) juega limpio

305. Si, como sueles, haces los ejercicios *a la carrera,* te saldrán mal.
a) muy despacio
b) con mucho juicio
c) corriendo o con demasiada rapidez
d) con mucho entusiasmo

306. Últimamente, el pobre Antonio *tiene la negra*: primero lo de la hepatitis y ahora resulta que le ha tocado hacer la mili en el peor sitio.
a) está de enhorabuena
b) está pasando por un momento de poca suerte
c) no sabe a qué se debe tanto hecho imprevisto
d) lo atribuye todo a su falta de voluntad

307. Los dos amigos se las prometían muy felices pensando que iban a conquistar a todas las chicas que Marta había invitado por su cumpleaños, pero lo cierto fue que *no se comieron un rosco.*
a) les entró el sueño
b) no tuvieron éxito entre ellas
c) se quedaron poco tiempo en la fiesta
d) no sabían bailar

308. El niño tiene una memoria prodigiosa. Le pregunté la lección y me la recitó *de carretilla.*
a) con mucho agrado
b) pensando mucho lo que decía
c) montando en una carretilla
d) rutinariamente, sin reparar en lo que decía

309. Siempre que *hacía novillos* —hace ya por desgracia mucho tiempo—, la sensación de culpabilidad me perseguía durante varios días.
a) me copiaba en los exámenes

b) contradecía al profesor
c) dejaba de asistir injustificadamente a clase
d) no hacía los deberes

310. Mi amigo Juan Antonio, a pesar de que es muy guapo y tiene mucho dinero, *no se come un rosco.*

a) gasta poco para comer
b) come poco para no engordar
c) tiene poco éxito con las mujeres
d) no sabe tratar a las chicas

311. Como sabía que era un hombre prudente *a carta cabal,* le confié el secreto.

a) que posee íntegramente y en su más alto grado la cualidad que se expresa
b) jugador de cartas
c) de poco fundamento
d) de mucho estudio

312. Siempre que habla de su hijo, *lo pone por las nubes.* Y es que lo de esa mujer es algo más que la simple pasión de madre.

a) lo ensalza a más no poder
b) lo critica despiadadamente
c) lo presenta como si todavía fuera menor de edad
d) no hace otra cosa que contar sus travesuras

313. No creas que porque le digo que sí a todo *me chupo el dedo.*

a) le hago un favor
b) pienso como él
c) tengo otros planes
d) soy tonto

314. Cuando comprobaron que era una persona responsable, *le dieron carta blanca* para que hiciera lo que creyera más conveniente.

a) le sirvieron una copa de ron
b) lo autorizaron para que obrara según su propio criterio
c) le dieron una carta trucada
d) le pusieron muchos impedimentos en su tarea

315. Le dices una y mil veces que no tire las colillas al suelo y ella siempre *como quien oye llover.*

a) lo hace obedientemente
b) se pone de muy mal humor
c) actúa como si yo tuviera algo contra ella
d) no hace el menor caso

316. Ten cuidado porque Juanjo no es lo que parece. *No se chupa el dedo.*

a) Es una persona peligrosa
b) Conduce muy de prisa
c) Tiene más años de los que aparenta
d) No tiene un pelo de tonto

317. El profesor se decidió a *tomar cartas en el asunto*, cuando se enteró de que los alumnos tenían la intención de fugarse otra vez de clase.

a) mandar una carta a la asociación de padres de alumnos
b) hacer que estudiaran mucho
c) intervenir

d) fugarse con ellos

318. Como sé que al jefe le gusta que *le regalen los oídos,* siempre que puedo juego esa baza.

a) lo adulen, lo lisonjeen
b) se llegue puntualmente al trabajo
c) se le dé todo hecho para que luego lo firme
d) se fomente la desunión entre los empleados

319. Por mucho que insistas, Mercedes *no dará su brazo a torcer,* pues está plenamente convencida de que ésa es la postura que debe adoptar.

a) no cederá, no cambiará de opinión
b) no se saldrá con la suya
c) hará lo que tú digas
d) te escuchará con atención

320. Como anoche volvió a llegar tarde, ya no me quedó otro remedio que *leerle la cartilla* a Pedrito, para que otra vez no se retrase.

a) recitarle un poema
b) aplaudir su acción
c) decirle que tenía que estudiar más
d) aleccionarle, reprenderle

321. Se puede decir, *a ojo de buen cubero,* que más de la mitad de los españoles está a favor del divorcio.

a) con toda seguridad
b) en un cálculo aproximado
c) con las reservas propias del caso
d) sin concederle más importancia que la que tiene

322. Conozco muy bien a esa señora y te puedo asegurar que, en ese terreno, *no dará su brazo a torcer.*

a) no tiene las ideas muy claras
b) hará lo posible por complacerte
c) está muy bien preparada
d) se mantendrá firme en su postura

323. Cada vez que Pedro da una fiesta, *echa la casa por la ventana*, porque para él sus amigos tienen prioridad.

a) se preocupa mucho
b) tira los muebles por la ventana
c) se gasta un montón de dinero
d) cierra todas las ventanas de la casa

324. Hoy en día, amueblar una casa de una manera mínimamente decente *cuesta un ojo de la cara.*

a) es algo que socialmente está bien visto
b) trae problemas para la pareja
c) supone un desembolso considerable
d) está al alcance de todos los bolsillos

325. Tras los graves insultos y amenazas por parte de ambos bandos, todo parecía que iba a terminar en una batalla campal, pero, afortunadamente, *no llegó la sangre al río.*

a) empezó a llover torrencialmente
b) apareció inesperadamente la policía
c) la cosa no fue a más, no tuvo mayores consecuencias

d) no tuvieron suficiente apoyo

326. Te lo voy a decir sinceramente: aunque seas mi mejor amigo, como eso que dices me parece un desatino, no voy a tenerlo en cuenta. Tú sabes bien que yo *no me caso con nadie.*

a) me voy a quedar soltero
b) no me dejo influir en un asunto por consideraciones de amistad o personales ajenas al asunto mismo
c) no doy consejos a nadie
d) no trabajo por las tardes

327. Hoy día, los cajeros automáticos resuelven, *en un abrir y cerrar de ojos,* el problema de sacar dinero.

a) con muchas dificultades
b) haciendo un cursillo de adiestramiento
c) con suma rapidez
d) tomando las debidas precauciones

328. Aunque tiene fama de ser muy eficiente, el nuevo director, comparado con el anterior, *no le llega a la suela del zapato.*

a) es más bajo de estatura
b) no quiere trabajar
c) es inferior en capacidad
d) se le parece mucho

329. Las estupideces de su novio *la sacaban de sus casillas.*

a) la sacaban a la calle
b) la hacían reír
c) la enfurecían
d) la enamoraban cada vez más

330. La señora de la ventanilla *me tiene entre ojos*: cada vez que le solicito una información, me contesta con malos modos.

a) siempre me saluda efusivamente
b) me atiende con mucha amabilidad
c) siente antipatía hacia mí
d) me pregunta por la familia

331. Como es la última oportunidad que tiene para aprobar la asignatura, está que *no le llega la camisa al cuerpo.*

a) trina
b) salta de contento
c) no hay quien lo aguante
d) se muere de miedo

332. Ya sé que se trata de una mesa *para andar por casa,* pero por lo menos tengo la satisfacción de haberla hecho yo.

a) para poner en la cocina
b) de lujo
c) recién comprada
d) no muy simétrica ni hecha con mucho cuidado

333. A mi mujer, que siempre ha tenido debilidad por las joyas, *se le van los ojos* cada vez que pasa por una joyería de lujo. El problema está en que yo no puedo complacerla.

a) siente un casi irresistible deseo
b) se le llenan los ojos de lágrimas

c) se le agota la capacidad de aguante
d) le da lo mismo

334. En el interrogatorio la policía lo acosó con todo tipo de preguntas, pero él *no soltó prenda.*

a) no facilitó la información que se le pedía
b) no entendió nada
c) se desmayó
d) se contradijo varias veces

335. Cuando nos planteamos la necesidad de pedirle al profesor que cambiara la forma de dar clase, fue Antonio el que tuvo que *ponerle el cascabel al gato.*

a) afrontar aquella comprometida situación
b) indicar quién de nosotros había de hacerlo
c) pensar lo que le íbamos a decir
d) suspender la asignatura por ser tan osado

336. Tome esta tarjeta de identificación y guárdela *como a las niñas de sus ojos.* Nosotros declinamos toda responsabilidad.

a) en lugar fresco y alejada del alcance de los niños
b) sin enseñársela a nadie aunque se lo pidan
c) con sumo cuidado
d) en la guantera de su coche.

337. Mercedes es encantadora, pero la familia del muchacho con el que sale *no ve con buenos ojos* esa relación.

a) no aprueba
b) quiere consagrar
c) desconoce
d) no entiende

338. Cuando se me presentó la oportunidad de cambiar de trabajo, tuve que *calentarme los cascos* antes de tomar una decisión.

a) decidirme inmediatamente
b) pensar mucho sobre ello
c) ponerme mucho rato al sol
d) pedirle consejo a mi padre

339. Los problemas financieros de la empresa le impedían *pegar ojo.* Así es que por el día andaba como un sonámbulo.

a) pagarle religiosamente a sus empleados
b) amortizar los créditos a su debido tiempo
c) conciliar el sueño
d) ahorrar para realizar nuevas inversiones

340. «Esto *huele a cuerno quemado*», pensó Guillermo cuando su jefe lo saludó con una afabilidad poco usual en él.

a) me resulta sospechoso
b) es un buen síntoma
c) no tiene interés alguno
d) es típico

341. Ignacio era tan *ligero de cascos,* que aceptó el puesto que le ofrecieron sin pensar en la responsabilidad que contraía.

a) muy imaginativo

b) de cabeza suave
c) informal e irreflexivo
d) muy estudioso

342. Estaba inquieta porque un chico que estaba sentado enfrente de mí *no le quitaba el ojo de encima* a mi bolso. Al final, afortunadamente, todo resultó una falsa alarma.
a) hacía señales como para que me acercara
b) me dirigía ingeniosos requiebros
c) se obstinaba en aproximarse
d) no dejaba un momento de dirigir la mirada

343. No sé cómo se las arregla, pero siempre es ella la que *paga el pato.*
a) sufre las consecuencias
b) tiene suerte
c) sale ganando
d) llega primero

344. Mantuvo lo que él llamaba «su sólida amistad conmigo» mientras pude *sacarle las castañas del fuego.*
a) ayudarle en la cocina
b) darle cartas de recomendación
c) trabajar en su tienda
d) ayudarle a salir de apuros y resolverle sus problemas

345. Desde que llegué a aquellos grandes almacenes, *le eché el ojo* a aquel vestido con lunares que siempre había deseado.
a) sentí crecer mi envidia
b) me fijé en él con el fin resuelto de comprarlo
c) lo palpé para apreciar su calidad
d) me apresuré a preguntar su precio antes de que alguien se me pudiera adelantar

346. No es justo que sea Alfonso el que tenga que *pagar los vidrios rotos* cuando ni siquiera ha intervenido directamente en el asunto.
a) cargar con la culpa
b) llevarse el premio
c) disfrutar de unas vacaciones
d) dar su conformidad

347. Las pesadas e insistentes bromas de Cirilo ya *pasaban de castaño oscuro.*
a) resultaban muy divertidas
b) eran muy abusivas e intolerables
c) estaban basadas en el humor negro
d) trataban sobre castañas

348. Ten cuidado con el nuevo administrador porque, según tengo entendido, es de los que *se meten por el ojo de una aguja.*
a) piensan las cosas antes de decirlas
b) se despreocupan de sus reponsabilidades
c) son muy astutos
d) incumplen lo que prometen

349. Comprendo tus razones para negarle el saludo, pero en las circunstancias actuales me temo que no tendrás más remedio que *pasar por el aro,* como los otros.
a) ir en tren
b) saludarlo, en contra de tu voluntad

c) registrar tu firma
d) comprarte un coche

350. Mientras estuve haciendo la carrera, planeé un montón de proyectos para cuando terminara. Al final me di cuenta de que todo había sido *hacer castillos en el aire.*

a) coser y cantar
b) hacer un proyecto de arquitectura
c) concebir falsas esperanzas
d) realizar unos estudios inútilmente

351. Cada vez que veo a un niño pequeño asomado al balcón, *se me encoge el ombligo.* Y es que no puedo evitar acordarme de mi pobre sobrino.

a) siento un temor irrefrenable
b) me pongo a saltar de contento
c) se lo comunico a su madre inmediatamente
d) acudo al médico con prontitud

352. Comprendo que estés furiosa con el médico que te recetó esas pastillas equivocadas porque lo que ha hecho es para *ponerlo de vuelta y media.*

a) decírselo inmediatamente
b) insultarlo, recriminarle su conducta
c) horrorizarse
d) no olvidarlo nunca

353. Cuando me dijeron que lo que procuraba no era mi amistad sino mi voto, *lo mandé a freír espárragos.*

a) lo envié a trabajar en el campo
b) lo envié a que me comprara verduras
c) le di una recomendación
d) dejé de tratar con él

354. No sé cómo se las arregla, pero tiene la extraña virtud de *ponerme los nervios de punta* cada vez que hablo con ella.

a) saber escuchar
b) hacer que me enfade
c) permanecer atenta
d) replicar con mucha educación

355. Algunas personas son demasiado osadas y a veces no hay más remedio que *ponerlas en su sitio.*

a) aceptarlas tal y como son
b) recordarles cuál es su posición (condición, obligaciones, etc.)
c) perdonarlas
d) ceder ante sus pretensiones

356. Estábamos todas reunidas hablando del nuevo profesor, y Pepita, como siempre, *se salió por peteneras* cuando dijo que su madre le había hecho hoy un flan para el postre.

a) pasó a hablar de otra cosa
b) pareció disfrutar mucho
c) se puso muy seria
d) bajó la voz

357. Con Julián es inútil hablar de estas cosas, porque el pobre *no ve más allá de sus narices.*

a) perdona todas las ofensas

b) sólo posee los estudios primarios
c) no consigue apreciar lo que hay más allá de las apariencias
d) no tiene el mínimo de malicia requerido

358. Verónica estaba muy contenta con su trabajo porque su jefe nunca *ponía en tela de juicio* las razones que ella le daba.
a) desconfiaba de, dudaba de
b) se olvidaba de
c) entendía
d) admitía

359. Lo que más le fastidiaba a mi abuelo era que lo consideraran como si *fuera un cero a la izquierda.*
a) fuera muy importante
b) no tuviera ya ninguna influencia
c) fuera una persona muy lenta
d) estuviera enfermo

360. Lo que en verdad me molestó es que dijera *en mis propias narices* que yo era un egoísta y un acomplejado.
a) sin pensarlo dos veces
b) con evidente mala intención
c) irónicamente
d) delante de mí

361. Aprovechando que lo invitaban sus parientes, Aurelio *comió como un sabañón.*
a) comió muy poco
b) comió todo lo que quiso
c) pidió el plato de la casa
d) se vio obligado a aceptar

362. Cuando no le interesaba seguir hablando de un asunto, desviaba la conversación y se *iba por los cerros de Úbeda.*
a) hacía un viaje muy largo
b) insistía sobre el mismo tema
c) se separaba del tema de que se trataba
d) pensaba mucho la respuesta que iba a dar

363. A mí me gusta reservar el alojamiento de antemano. Si vas *a la buena de Dios,* te arriesgas a dormir una noche en la calle, y uno ya no está para esas cosas.
a) con temor
b) sin prever las cosas debidamente
c) a bien con el Altísimo
d) con poco equipaje

364. Cuando los ladrones se dieron cuenta de que alguien los había visto, pensaron que lo mejor era *poner tierra por medio.*
a) entregarse a la policía
b) alejarse, huir
c) buscar un escondite
d) tomar rehenes

365. Por las reacciones descabelladas de Samuel, se podía decir que *había perdido la chaveta.*
a) se le había averiado el coche
b) se había extraviado en el bosque

c) estudiaba mucho
d) se había vuelto loco

366. *Guardar las distancias,* incluso con quienes uno cree sus mejores amigos, es una manera inteligente de actuar.
a) Encariñarse en exceso
b) Adoptar una actitud tal que evite que alguien se pueda propasar
c) Observar una postura defensiva
d) Ser muy considerado

367. Si, como dices, tu padre tiene dinero *por un tubo,* no creo que tenga mayor inconveniente en pagarte un curso de postgrado en el extranjero.
a) en el banco
b) en abundancia
c) en acciones
d) en metálico

368. Anoche, Ricardo *me engañó como a un chino*: me dijo que lo esperara para ir al cine y al final no apareció.
a) invitó a comer arroz
b) me engañó con mucha diplomacia
c) me engañó completamente
d) me engañó sin darse cuenta

369. Para lograr nuestros objetivos, tendremos que *dar el do de pecho*; estoy seguro de que al final lo conseguiremos.
a) hacer dejación de nuestro orgullo
b) invertir todos nuestros recursos personales
c) llevar una vida sana
d) trabajar de manera extraordinaria

370. Todos coincidieron en la necesidad de tomar medidas drásticas para acabar con el problema, pero tengo la impresión de que *no llegará la sangre al río.*
a) en el fondo, sólo unos pocos pensaban de esta manera
b) no será fácil
c) se trata sólo de una declaración
d) el asunto se resolverá sin que se ocasionen graves perjuicios

371. Me pareció tan inoportuna y grosera la broma de Gerardo, que todavía estoy *echando chispas.*
a) muy enfadado
b) sudando de tanto calor
c) muy optimista
d) muy agradecido

372. «*Con gran dolor de mi corazón,* tuve que negarles a los ecologistas el permiso para la manifestación», le comentaba el gobernador a su mujer.
a) Con mucha pena
b) Siguiendo órdenes superiores
c) Regocijadamente
d) Por defectos de forma en la solicitud

373. Aunque había varios candidatos al premio, estaba claro que él era el mejor. Los demás *no le llegaban a la suela del zapato.*
a) no eran tan altos como él

b) le podrían superar sólo en técnica
c) eran muy inferiores
d) tenían el jurado a su favor

374. Al proletariado siempre se le ha dado únicamente *lo comido por lo servido.*
a) mucho dinero para que salga de su mísera condición
b) estrictamente lo necesario para su manutención
c) la alimentación que le sirven en la empresa
d) una paga del Estado

375. Parece mentira que una simple discusión *haya echado a rodar* tantos años de amistad. En fin, es la vida.
a) haya fortalecido
b) haya hecho recordar
c) haya estropeado
d) haya recuperado

376. ¿Has dicho que sólo son 200 pesetas *por barba*? Me parece demasiado barato.
a) por pareja
b) por persona
c) por día
d) a la semana

377. *Sin comerlo ni beberlo,* me obligaron a actuar de testigo por el simple hecho de estar presente cuando se produjo el accidente.
a) Estando en ayunas
b) Teniendo yo mucha prisa
c) Sin tener culpa de nada
d) Negándome a hacerlo

378. Los patios de vecindad siempre fueron propicios para las pequeñas discusiones, pero aquélla entre doña María y mi madre fue *de las que hacen época.*
a) de las que no dejan la menor huella
b) de excepcional acaloramiento
c) de las que revelan cariño más que otra cosa
d) de las que no trascienden

379. Está *por demás* que le digas a Ramón que no vaya; él siempre hace lo que le da la gana.
a) bien
b) demostrado que es inútil
c) mal visto
d) difícil

380. Como lo que interesa es seguir en el poder, lo de menos es *cambiar de chaqueta* cuando haga falta.
a) ponerse una chaqueta recién comprada
b) ser consecuente con su ideología
c) pasarse al bando enemigo
d) cambiar de partido o de ideas políticas

381. El representante del Frente Polisario manifestó que, después de tantas declaraciones de aparente solidaridad, el PSOE *había vuelto la espalda* al pueblo del Sahara.
a) había ofendido
b) había mostrado su apoyo incondicional

c) había defendido en los foros internacionales
d) había abandonado ingratamente

382. Debe de tratarse de un error porque nadie va a *pillarse los dedos* por tan poca cosa.
a) molestarse
b) abrir una cuenta corriente
c) quejarse
d) poner en entredicho su honradez, buen nombre

383. Cuando vi que los vecinos pintaban la casa de aquel color tan chillón estuve a punto de decirles algo, pero después pensé que no debía *meterme en camisa de once varas.*
a) ponerme una camisa ancha
b) pensar mucho lo que iba a hacer
c) inmiscuirme en asuntos ajenos
d) actuar irreflexivamente

384. Ése es de los que no olvidan. Ya verás que, en cuanto pueda, intentará *sacarse la espina.*
a) tomarse la revancha
b) hacer las paces
c) cambiar de amistades
d) echártelo en cara

385. Quedamos con Marcos a las cinco en punto, así que date prisa porque si no nos va a *pillar el toro.*
a) resultar caro
b) caer la noche encima (se nos va a hacer tarde)
c) insultar cuando lleguemos
d) llamar a casa

386. Aunque sé que es un hombre de palabra y sé que no me va a negar ahora el coche que me prometió, todavía no quiero *echar las campanas al vuelo.*
a) alegrarme mucho
b) dar mucha publicidad al hecho
c) agradecérselo
d) tocar las campanas de la iglesia

387. Después de la última bajada de la gasolina, el parque automovilístico *ha crecido como la espuma.*
a) se ha multiplicado por dos
b) se ha quedado preocupantemente anticuado
c) ha tendido a mejorar en cuanto a la calidad de los vehículos
d) se ha acrecentado mucho y rápidamente

388. Hablamos de hacer una excursión durante el fin de semana, pero como no volvimos a vernos todo *quedó en agua de borrajas.*
a) resultó muy bien
b) quedó en el aire, en nada
c) adquirió gran interés
d) evolucionó favorablemente

389. Ricardo *estuvo en el candelero* mientras fue secretario del presidente. Su influencia actual, sin embargo, es nula.
a) disfrutó circunstancialmente de mucho prestigio
b) fue muy criticado
c) hizo el primer curso de la carrera

d) tuvo muchos amigos

390. A don Luis *lo han dejado en la estacada* después de que sus dos socios huyeran al extranjero con la mayor parte de los fondos de la empresa.

a) le han pronosticado mucha salud
b) lo han abandonado, por lo que se encuentra en una situación apurada
c) le han exigido que pague de inmediato
d) le han dado la cruz al mérito en el trabajo

391. Con las nuevas e impopulares medidas impuestas por su Departamento, el ministro va a *quedar a la altura del betún*.

a) quedar mal, en una posición desairada
b) abrir nuevas perspectivas
c) preparar el terreno
d) favorecer las relaciones comerciales

392. Ese vestido que ves sobre la cama tan arrugado y desteñido *me ha costado un riñón*.

a) me ha hecho mucho daño
b) me ha resultado excesivamente caro
c) ha sido comprado en una rebaja
d) me lo ha prestado mi hermana

393. Los trabajadores declararon que no irían a la huelga para evitar despidos, pero, eso sí, sólo trabajarían para *cubrir el expediente*.

a) cumplir lo indispensable
b) tener las tardes libres
c) aumentar los excedentes de fabricación
d) cambiar las condiciones laborales

394. En su nuevo empleo, Roberto sólo trabaja un par de horas al día. El resto del tiempo lo dedica a *rascarse la barriga*.

a) hacer otros pequeños trabajos
b) holgazanear, no hacer nada
c) jugar a las cartas
d) tocar la guitarra

395. Al ver aquel trágico accidente a través de la ventanilla de mi coche, que quedé *de una pieza*.

a) paralizado del asombro
b) en mi casa
c) encantada
d) sólo un momento

396. Después de dos años de estrecheces económicas, ya empiezo a *salir a flote*. La clave ha estado en el nuevo sueldo de mi mujer.

a) cansarme de tanta penuria
b) recuperar el desahogo
c) darme cuenta de que mereció la pena
d) ansiar una vida de menos austeridad

397. Ya se sabe que a Paco le cuesta mucho *rascarse el bolsillo*, pero, aparte de eso, es una persona encantadora.

a) dar el primer paso
b) ir al médico
c) tener que gastar el dinero

d) levantarse temprano

398. Después de perder a su padre en un accidente aéreo y tener que hacerse cargo de la familia, Juan decidió *sentar cabeza*.

a) hacerse formal y sensato
b) estudiar hostelería
c) darse un viaje de placer
d) gastar la herencia

399. Aunque me lleve mal con una persona, siempre trato de *guardar las formas*, especialmente cuando estoy con alguien más.

a) comportarme con aparente normalidad
b) no ser hipócrita
c) desviar la conversación hacia temas poco comprometidos
d) hacerle el vacío

400. Es cierto que el niño es muy travieso y que lo que hizo está mal, pero no hay que *rasgarse las vestiduras* por tan poca cosa.

a) comprarle un traje nuevo
b) horrorizarse, violentarse
c) abrir todas las puertas
d) pedir un préstamo

401. Cuando terminamos de comer, tuvimos que *echar a suertes* quién se iba a encargar de lavar los platos.

a) decidir al azar
b) imponer a la fuerza
c) dejar para el día siguiente
d) estudiar cuidadosamente

402. Aunque últimamente no me están saliendo bien las cosas en el terreno económico, estoy decidido a *probar fortuna* una vez más.

a) dedicarme a una vida de ermitaño
b) tentar a la suerte
c) emigrar de mi tierra
d) volver a los orígenes y dedicarme a la agricultura

403. Cuando se dio cuenta de que por ese camino no iba a ninguna parte, en seguida *recogió velas* y empleó la táctica que le habíamos sugerido.

a) se volvió de espaldas
b) rectificó
c) se puso de pie
d) levantó la voz

404. Si bien la fama de holgazán que tiene Enrique es inmerecida, tampoco se puede decir que *esté al pie del cañón* en todo momento.

a) esté atento a su trabajo
b) no se fume un cigarrillo
c) no vea nunca a su novia
d) esté disparando cañonazos

405. Cuando mi amigo termine la carrera de Ciencias Económicas piensa *ponerse al frente* de los negocios de su padre, que ya es mayor.

a) traspasar
b) dirigir

c) reducir
d) liquidar

406. Me gustan las personas que *no tienen pelos en la lengua* cuando te dicen las cosas.
a) hablan con corrección
b) hablan estrictamente lo necesario
c) dicen libremente lo que piensan
d) no dicen tacos

407. *A ciencia cierta* no sé qué es lo que me pudo provocar aquel horroroso dolor de cabeza. La verdad es que lo pasé muy mal.
a) Con seguridad
b) Afortunadamente
c) Siendo sincero
d) Teniendo en cuenta el resultado de las cartas

408. No te preocupes si se nos acaban las fichas. En la papelería de la esquina las podemos encontrar *a punta de pala.*
a) en grandes cantidades
b) escarbando la tierra
c) de color de rosa
d) muy baratas

409. El señor de la ventanilla *se quedó frío* cuando le dije que presentaría una denuncia por su trato descortés.
a) se rió con ironía
b) me invitó a tomar un café
c) mostró indiferencia
d) se quedó muy desagradablemente sorprendido

410. Llevamos media hora esperando. ¡Esto ya *pasa de castaño oscuro*!
a) no tiene remedio
b) es intolerable
c) no es necesario
d) me empieza a divertir

411. Cuando pasé por la calle oscura que está al lado del cementerio, *se me puso la piel de gallina.*
a) me entró mucho miedo
b) se me cayó el pelo de repente
c) me enfermé de la piel
d) se me torció el tobillo

412. A nuestro director no se le pueden tomar en consideración sus ambiciosos proyectos, porque es de aquellos a los que *se les va la fuerza por la boca.*
a) no hay que hacerles el menor caso
b) siempre les salen las cosas mal
c) hay que compadecer
d) se les va todo en hablar y no hacen nada

413. ¡Está apañado si piensa que le voy a *sacar las castañas del fuego* cada vez que tiene un problema!
a) llamar la atención
b) sacar del apuro
c) poner objeciones

d) tomar el pelo

414. Cuando me hice mayor, *caí en la cuenta* de por qué le daba mi abuelo tanta importancia al estudio.

a) me percaté por fin
b) hablé con mis amigos
c) no quise saber nada
d) no encontré ninguna explicación

415. Los jugadores del equipo visitante, aun con el resultado adverso, intentaban *sacar fuerzas de flaqueza* en los últimos minutos del encuentro.

a) practicar un juego defensivo
b) sorprender mediante inesperados contragolpes
c) practicar un juego sucio y marrullero
d) hacer un último esfuerzo casi sobrehumano

416. Mi hermano dice que va a *sacar partido* de las próximas vacaciones para aprender algún idioma.

a) hablar
b) dudar
c) informarse
d) aprovecharse

417. Cuando se pone muy pesado con sus bromas, es mejor *seguirle la corriente.*

a) no oponerse a su actitud
b) llamarle la atención
c) pagarle unas copas
d) reírle las gracias

418. En la cena de despedida de curso, el profesor de matemáticas *hizo gala de* unas dotes oratorias, para mí totalmente insospechadas.

a) aplaudió
b) demostró tener
c) improvisó
d) fastidió

419. Todos rechazábamos la idea de abandonar «Piedra Azul», nuestro hogar durante tantos años, pero al final papá *se salió con la suya.*

a) salió por la puerta y no volvió
b) hizo su voluntad contra nuestro parecer
c) nos amenazó
d) casi nos convence

420. A Juan José ahora le *ha dado la vena* de comprar todos los libros referentes a la guerra civil española.

a) le han entrado ganas, súbita e inoportunamente
b) le ha surgido la necesidad
c) le han ofrecido la oportunidad
d) no se le puede hablar

421. Los ladrones entraron en el establecimiento como una exhalación y *en menos que canta un gallo* lo desvalijaron todo.

a) sin darse cuenta de la presencia de los dueños
b) provistos de herramientas apropiadas
c) con suma rapidez

d) sin preocuparse de desconectar la alarma

422. No le quise decir nada para evitar que se marchase, pero me *salió el tiro por la culata*, pues cuando esta mañana se enteró de la noticia por la prensa, lo primero que hizo fue sacar un billete para el avión de las 13.00 horas.

a) alegré de que se marchara
b) dio pena no decírselo
c) resultó contraproducente
d) di cuenta de mi error

423. La verdad es que, aunque solamente *ves la paja en el ojo ajeno*, tú también tienes tus defectitos.

a) ves los defectos de los demás
b) estás ciego
c) tienes una mota de polvo en el ojo
d) te alabas a ti mismo

424. «No cejaré en mi empeño de *echarle el gancho* a una embajada en un país árabe», le decía el gobernador civil a su esposa, casi como un secreto.

a) intentar alcanzar
b) destruir
c) visitar
d) obstaculizar

425. Cada vez que le hacían una pregunta comprometida, el diputado se les arreglaba para *salirse por la tangente.*

a) responder con agresividad
b) evadir la respuesta
c) mostrar su desagrado
d) hablar de matemáticas

426. Hoy Anselmo *está de muy mala uva* y no hay quien se le acerque.

a) se encuentra enfermo
b) está muy enfadado
c) tiene mucha prisa
d) está muy ocupado

427. Todos nuestros planes *se fueron al garete* por falta de apoyo económico.

a) tenían interés
b) eran demasiado ambiciosos
c) fracasaron
d) resultaron muy costosos

428. Ayer vi un coche en el aparcamiento con un cartel que decía: Éste *salió rana.*

a) ganó un *rally*
b) no resultó tan bueno como se esperaba (salió defectuoso)
c) acaba de ser lavado
d) está mal aparcado

429. Roberto era tan holgazán, que no me quedó otro remedio que *apretarle las clavijas* durante los dos meses que estuvo trabajando conmigo.

a) afinarle una guitarra que tenía
b) tratarlo con severidad
c) mandarle el sueldo a su casa
d) tratarlo con mucha amabilidad

430. Como me sigas molestando de esta forma, *te mando a hacer gárgaras* por ahí y me quedo tan tranquilo.

a) te ordeno que te vayas
b) te echo de mi presencia sin contemplaciones
c) te digo que continúes
d) te espero

431. Aunque le he dado mil razones para que deje de fumar, Teresa *sigue en sus trece.*

a) continúa fumando
b) sólo fuma trece cigarrillos al día
c) sigue confiando en la suerte
d) no me cree

432. Aunque tengas la intención de volver pronto, a lo mejor te entretienes y no sales de allí hasta las dos o las tres de la madrugada; así que llévate las llaves *por si acaso.*

a) para volver pronto
b) si lo prefieres
c) en previsión de que llegues más tarde de lo previsto
d) en caso afirmativo

433. La catástrofe no habría sido tan aparatosa si los dos trenes no hubiesen circulado *a todo gas.*

a) con exasperante lentitud
b) por la misma vía
c) cargados de gas inflamable
d) a gran velocidad

434. Después de pasar varios años en Francia, Esteban se fue a trabajar a Israel; luego a Italia y ahora lleva una temporada en Madrid. Por eso tiene fama de *ser culo de mal asiento.*

a) ser muy inteligente
b) ser una persona muy inquieta, que no echa raíces en ninguna parte
c) ser muy ameno
d) ser enemigo de los espacios cerrados

435. Después de diez horas de discusiones acaloradas, los empresarios terminaron por *poner las cartas boca arriba* diciéndonos que lo que pretendían era que no se rebajara la jornada laboral.

a) descubrir sus intenciones
b) tomarse unas copas
c) jugar una partida de cartas con los sindicalistas
d) irse a dormir

436. Lo primero que dijo Elisa al salir del restaurante fue que los canelones que había tomado *sabían a gloria.*

a) le habían sentado mal
b) le habían parecido más pequeños que de costumbre
c) le habían gustado extraordinariamente
d) le habían quemado el paladar

437. Ahora que han abierto varios clubes nocturnos en esta calle, las discusiones y altercados a altas horas de la madrugada *son el pan nuestro de cada día.*

a) merecen ser observados
b) nos tienen preocupados
c) son frecuentes

d) molestan a los vecinos

438. El teatro del colegio *estaba de bote en bote* porque ese día habían acudido a ver la obra hasta los primeros cursos de EGB.

a) estaba completamente lleno
b) no tenía ventanas
c) tenía el ambiente muy cargado de humo
d) representaba una comedia de marineros

439. Al salir esta mañana para el trabajo, y viendo el cielo tan oscuro, decidí llevar un paraguas *por si las moscas.*

a) por si luego me olvido
b) por si acaso llovía
c) para no mojarme
d) por si alguno de mis compañeros lo necesitaba

440. A pesar de la gran campaña publicitaria en torno a la película que se estrenaba, la mayoría del público salió del cine con el convencimiento de que *era más el ruido que las nueces.*

a) habían pagado demasiado
b) la banda sonora tenía muchos ruidos
c) la película era de escasa calidad
d) el doblaje no era muy bueno

441. Al bajar las escaleras, resbalé y, del golpe que me di, *vi las estrellas.*

a) no me pasó nada
b) miré por un telescopio
c) sentí un dolor muy fuerte
d) quedé sentado

442. El *reírles las gracias* a los hijos es algo que no deben hacer por sistema los padres. De lo contrario, aquéllos serán, de mayores, personas repelentes.

a) alabar en exceso la simpatía
b) cuidar
c) mandar a un colegio de disciplina férrea
d) vestir presentablemente

443. Doña Rosa insiste en que el nieto de Federico *es su vivo retrato* cuando éste era más joven.

a) se parece mucho a él
b) pinta tan bien como él
c) se reía mucho con él
d) pasaba mucho tiempo con él

444. Aunque era un escritorcillo *de tres al cuarto*, le perdonaba la vida hasta al mismísimo Cervantes.

a) de poca categoría
b) que tenía una casa barata
c) que había publicado muchos libros
d) de los años treinta

445. El nuevo profesor le *cayó en gracia* a todo el mundo nada más llegar al colegio, y fue justamente eso lo que hizo que se compenetrara rápidamente con el resto de los compañeros.

a) se puso en plan impertinente
b) dejó sentado su autoritarismo
c) demostró su gran capacidad de trabajo

d) resultó agradable

446. Dicen que los ingleses *son muy suyos*, lo que quizás se debe al hecho de que viven en una isla.

a) son muy extravertidos
b) son raros, tienen un carácter difícil de entender
c) son muy tacaños
d) comen mucho

447. Por su forma de moverse, *saltaba a la vista* que no había acudido nunca a una discoteca.

a) era evidente
b) no se podía determinar
c) nos acordamos de
d) le dijimos al camarero

448. Aunque parezca paradójico en los tiempos que corren, yo *lo paso en grande* cuando trabajo los fines de semana.

a) me aburro soberanamente
b) me divierto lo indecible
c) me concentro más
d) me hago más comunicativo

449. Andrés y Sergio se criaron juntos, fueron a la misma escuela, compartieron las mismas estrecheces y, a pesar de que no se ven con frecuencia, siguen *siendo uña y carne*.

a) amando la aventura
b) recordando los viejos tiempos
c) sin poder probar la carne
d) guardando una estrecha amistad

450. Durante la cena, el diputado de la oposición se pasó todo el tiempo tratando de provocarme, pero yo *mantuve el tipo* hasta el final.

a) soporté valientemente sus indirectas
b) bromeé con él
c) le seguí la corriente
d) lo miré con mucho enfado

451. El diputado que acaba de dimitir como tal ha declarado que estaba harto de *estar bajo la férula* del partido socialista y de su rígida disciplina interna.

a) hacer la defensa a ultranza
b) hacer de cabeza de turco
c) asistir a los congresos
d) depender de la férrea tutela

452. No es probable que Antonio fracase en su nuevo negocio ya que actúa siempre *sobre seguro*.

a) sin arriesgarse
b) muy de prisa
c) de buena fe
d) para ahorrar dinero

453. *Atando todos los cabos*, hemos llegado a la conclusión de que el ladrón de las joyas fue el mayordomo.

a) Relacionando todas las pistas o datos
b) Haciendo nudos con una cuerda
c) Preguntando a la policía

d) Interrogando a los acusados

454. No me gusta acompañar a mi marido en las cenas de trabajo, porque, en cuanto salen a relucir los temas profesionales, me siento *como gallina en corral ajeno.*

a) contenta, con ganas de vivir
b) afirmada en mi personalidad
c) a las mil maravillas
d) mal y como desplazada

455. Es difícil que te invite a cenar en un restaurante de lujo pues no le gusta *soltar/aflojar la mosca.*

a) gastar dinero
b) llevar corbata
c) llamar la atención
d) salir por la noche

456. Cuando vi aquellas escenas de terror en la película que pusieron anoche por la televisión *se me pusieron los pelos de punta.*

a) me enfadé mucho
b) empecé a reírme a carcajadas
c) prorrumpí en sollozos
d) me horroricé, sentí mucho miedo

457. Tras haber entrenado en el extranjero a varios equipos, González Dibildos se encontraba *como pez en el agua* en su nuevo club.

a) expectante y un tanto receloso
b) abierto a cualquier sugerencia de la afición
c) sumamente cómodo y ambientado
d) inadaptado y con ganas de cambiar nuevamente de aires

458. Cuando menos se esperaba, la famosa espía *se soltó la cabellera* y les contó todo lo que había pasado, con pelos y señales.

a) empezó a temblar
b) se sinceró, empezó a hablar con toda libertad
c) hizo gestos con la mano
d) corrió la cortina de la sala

459. No *eches las campanas al vuelo* antes de asegurarte de que es cierto que por fin te han concedido la plaza.

a) te alegres
b) des prematuramente publicidad a la noticia
c) toques las campanas de la iglesia
d) vayas a misa

460. No soporto que *me den la lata* cuando compongo. Por eso, no he tenido más remedio que irme a vivir a las afueras.

a) molesten
b) den ideas
c) llamen por teléfono
d) pongan la música muy alta

461. Ésta es la cuarta vez en dos días que nos *suelta el mismo rollo.*

a) invita a tomar unas copas
b) presta dinero
c) arregla la avería

d) cuenta la misma historia (aburrida)

462. De un tiempo a esta parte, no hay quien lo soporte. Siempre está con los nervios *a flor de piel.*

a) muy calmados
b) muy alterados
c) controlados por tranquilizantes
d) jugándole una mala pasada

463. El enfado de Asunción se debió a que su marido estuvo *dando la nota* toda la noche con su obsesión por visitar un club de alterne.

a) haciendo lo que debía
b) comportándose inoportunamente
c) molestando con sus ironías
d) pellizcándola subrepticiamente

464. Como persona es muy bueno y muy simpático, pero como director, desde luego, *tiene a raya* a todos sus empleados.

a) no conoce
b) mantiene a distancia, tiene bajo control
c) sabe atraerse
d) contrata personalmente

465. Hasta que no se reforme el Código Penal, toda medida policial contra los pilotos suicidas será un mero *dar palos de ciego.*

a) ponernos de mal humor
b) asustarnos
c) aprender a desarmar el televisor
d) actuar sin efectividad

466. Siempre que Agustín le planteaba a Matilde salir a cenar o ir al cine, ésta *le daba largas al asunto* diciendo que ya ella lo llamaría.

a) accedía no sólo gustosa sino entusiasmada
b) aplazaba la decisión para escapar al compromiso
c) le recordaba que ya habían roto
d) le respondía cortantemente que no

467. Tanto él como su esposa *tienen (muy) buen saque.* ¡Menos mal que no les invitamos a comer todos los días!

a) son muy pesados
b) llegan siempre con mucho retraso
c) comen mucho
d) son muy violentos

468. Aunque se trata de un curso muy difícil, este año tengo que aprobar todas las asignaturas *por narices* si quiero ir a Inglaterra en vacaciones.

a) estudiando poco
b) sin alternativa posible, de todas todas
c) por vergüenza
d) sobornando a los profesores

469. Las limpiadoras del aeropuerto se quejaban porque la gobernanta les exigía diariamente fregar *de cabo a rabo* la sala de espera.

a) con agua helada
b) con utensilios bastante deteriorados

c) sin guantes protectores
d) total y completamente

470. No debes preocuparte por lo que piensa tu hijo. A su edad es lógico que *tenga la cabeza llena de pájaros.*

a) haya perdido todas las ilusiones
b) sólo piense en ganar dinero
c) le guste la caza
d) tenga ideas difícilmente realizables

471. Con lo pusilánime que es Bernardo, nadie pensaba que fuera capaz de *plantarle cara* a alguien, y menos todavía al director.

a) faltarle al respeto
b) insultarlo
c) halagarlo
d) enfrentársele

472. «Un conductor *de pacotilla* como yo incurre doblemente en temeridad si sobrepasa los 120 kilómetros por hora», reconoció el contertulio sentado más a la derecha.

a) avezado
b) con muchas dioptrías
c) de reacciones imprevisibles
d) de escasas dotes y cualidades

473. Sinceramente creo que sabrá desempeñar el cargo con acierto pues, entre otras cualidades, *tiene mano izquierda.*

a) es diplomático en el trato
b) sabe música
c) habla francés
d) viaja mucho

474. Aunque fuera *a regañadientes,* Bernardo hacía todas las noches la tarea que le había mandado el profesor.

a) muy contento
b) de mala gana, en contra de su voluntad
c) con mucho interés
d) cantando

475. El garaje que he alquilado es *de padre y muy señor mío.* Con decirte que tiene hasta un foso para cambio de aceite y demás.

a) no tanto pequeño como estrecho
b) de lo mejor y más adecuado en su género
c) rectangular y con puertas de madera
d) peor que el anterior

476. Para mí, el mejor de los que intervinieron en el debate fue el señor de Cádiz; se ve que *tiene muchas tablas.*

a) tiene estudios universitarios
b) tiene mucha experiencia de discutir en público
c) tiene muchos amigos influyentes
d) tiene mucha resistencia física

477. Cuando *daba rienda suelta* a su imaginación, era capaz de inventar las más fantásticas historias.

a) daba libre curso

b) se ponía de mal humor
c) peleaba con su novia
d) trabajaba hasta muy tarde

478. Hubiera preferido que tú me lo dijeras a enterarme *de oídas.*
a) por las noticias de la radio
b) por comentarios que se escuchan
c) por medio de un amigo común
d) por casualidad

479. No te fíes mucho de él pues *tiene mucha trastienda.* Lo conozco desde hace tiempo.
a) tiene muy mal genio
b) es muy hipócrita
c) le gusta beber
d) todo le sale al revés

480. «El sistema sanitario del país no puede estar peor», declaró el presidente del Gobierno, sin percatarse de que estaba *tirando piedras contra su propio tejado.*
a) descalificándose a sí mismo
b) alegrándose de sus males
c) apedreando a los perros en la calle
d) siendo un desagradecido

481. Dado el alto índice de suspensos, el profesor trataba de *dorarles la píldora* a los alumnos diciéndoles que en septiembre sería más benévolo.
a) felicitar muy de veras
b) provocar malignamente
c) atenuarles el disgusto
d) insultar con exabruptos

482. Cuando tengas algún problema de tipo laboral, no dejes de ponerte en contacto con doña Luisa que, como sabes, *tiene vara alta* en la Magistratura de Trabajo.
a) tiene influencia
b) es limpiadora
c) está por las tardes
d) está muy interesada

483. Como no me cae bien la mujer de mi jefe, cada vez que me la tropiezo por la calle *me hago el sueco* para no tener que saludarla.
a) inclino la cabeza respetuosamente
b) me hago el despistado, el distraído
c) me paso a la acera de enfrente
d) le vuelvo la espalda

484. Después de muchos años de amistad, una faena como esa *ha echado por la borda* toda la confianza que había depositado en él.
a) ha hecho más sólida
b) ha hecho que pierda
c) ha posibilitado
d) ha hecho que se resienta ligeramente

485. A pesar de su magnífica preparación, tuvo que *tocar todos los resortes* para conseguir ese trabajo.
a) pasar un examen muy difícil
b) pedir ayuda a muchas personas

c) interpretar toda la partitura
d) vencer muchas dificultades

486. La excusa que me dio Eustaquio para no aceptar la invitación a mi boda, *me olía a cuerno quemado.*

a) me pareció sospechosa
b) era muy lógica
c) fue muy celebrada
d) nos alegró a todos

487. Desde luego, lo que acaba de decir el conferenciante es un solemne disparate, pero yo no me atrevo a *enmendarle la plana,* y menos públicamente.

a) corregirlo
b) ponerlo aún más nervioso
c) exigirle que lo repita
d) interpretarlo de nuevo

488. Lo que le dije en realidad es que una blusa le iría mejor con aquella falda, pero ella *tomó el rábano por las hojas.*

a) insistió en disculparse
b) se dio cuenta de su error
c) lo interpretó equivocadamente
d) no me hizo caso

489. Aunque hizo la carrera de Medicina *a salto de mata*, la terminó siendo aún joven.

a) insistentemente
b) con mucha voluntad
c) a regañadientes
d) sin método ni orden

490. *Entre bromas y veras* le atribuyó a mi familia cosas, que, si las llega a comentar totalmente en serio, me hubiese tenido que ofender abiertamente.

a) Con el sarcasmo y la ironía que lo caracterizan
b) Intentando hablar bajo para que yo no me enterara
c) Atenuando humorísticamente sus críticas, pero sin renunciar a decir lo que pensaba
d) Dando un portazo

491. Cuando supe que habían propuesto a ese ignorante para un cargo de tanto relieve, no pude menos que *tomarlo a risa.*

a) felicitarlo personalmente
b) alegrarme mucho
c) pensar que era una broma
d) sorprenderme

492. Cuando se vio acorralado por la policía, el asaltante sacó su pistola y empezó a disparar *a diestro y siniestro.*

a) hacia todos los lados, indiscriminadamente
b) disimuladamente
c) con intención de matar un policía
d) para entretenerse

493. Aunque la gente fue avisada con tiempo y en debida forma, al final, *por pitos y flautas,* no asistieron a la presentación del libro más de diez personas.

a) por unos motivos u otros
b) teniendo en cuenta sólo a los socios

c) exceptuando naturalmente a los niños
d) contando unas personas y otras

494. En los últimos tiempos el Gobierno *la ha tomado* con los sindicatos, a los que hace responsables de la conflictividad laboral.
a) se ha sentado a negociar
b) ha hecho las paces
c) es demasiado blando
d) muestra una hostilidad permanente en sus relaciones

495. Le preguntas por la situación de sus estudios y *se va por las ramas* contándote anécdotas de su vida universitaria.
a) se aparta del asunto de que se trata
b) responde con mucha diplomacia
c) te echa una sonrisa
d) te da la espalda

496. A pesar de que la Administración y los sindicatos llevan varios días negociando, el acuerdo todavía *está entre Pinto y Valdemoro*.
a) puede o no puede firmarse
b) parece de todo punto inalcanzable
c) tardará mucho tiempo para que se produzca
d) constituye una remota esperanza

497. Este asunto me *trae de cabeza*. Creo que necesito unas vacaciones urgentemente.
a) obliga a pensar
b) interesa mucho
c) preocupa, me da mucho trabajo
d) crea muchos enemigos

498. Conocía tan bien a los propietarios del chalé, que se movía por él *como Pedro por su casa*.
a) con mucha desenvoltura (que podría considerarse excesiva)
b) a tontas y a locas
c) con mucho cuidado
d) sin pedir permiso al entrar

499. Con el traslado a las nuevas oficinas policiales, todos los archivos *están patas arriba*. Así es que le recomiendo que se pase usted por nuestras nuevas dependencias la semana próxima.
a) están bajo llave y custodiados
b) se encuentran totalmente desordenados
c) ya no están aquí
d) los han extraviado y se duda de su rescate

500. Como esperaron a última hora para sacar los billetes, *se las vieron y desearon* para conseguir viajar en la fecha prevista.
a) tuvieron que hacer cola
b) tuvieron muchas dificultades
c) pagaron el doble
d) fueron a una agencias de viajes

501. Rosario me cae tan mal, que no puedo evitar *hacerle la contra*, incluso en aquellos casos en los que a lo mejor tiene razón.
a) oponerme por sistema a lo que dice

b) asentir a todo lo que dice
c) reírme de sus palabras
d) no hacerle caso

502. La eficiencia de Paco al frente de la empresa no se debe tanto a su inteligencia como al hecho de que siempre *está al pie del cañón.*

a) está «pelotilleando» al jefe
b) está trabajando con plena dedicación
c) procura infravalorar lo que hacen los demás
d) lleva los asuntos personalmente

503. Comprar las cosas *a ciegas* tiene el peligro de que, si luego no te gustan, no es tan fácil recuperar el dinero.

a) con gafas de sol
b) a un precio bajo
c) de mala calidad
d) sin verlas antes

504. Se levantó del asiento *sin ton ni son* y se marchó sin decir esta boca es mía.

a) sin motivo
b) sin hacer ruido
c) sonriendo
d) apoyándose en la pared

505. Tú, en lugar de *hacer leña del árbol caído*, lo que debes procurar es ver la posibilidad de conseguirle a Eduardo un nuevo empleo. Ten en cuenta, además, que tiene cinco hijos.

a) aplaudir su conducta
b) inhibirte como si la cosa no fuera contigo
c) fastidiarlo aprovechándote de su fracaso
d) ponerle una denuncia por injurias

506. Yo creo que, *a la larga*, es rentable invertir dinero en la bolsa.

a) después de haber pasado algún tiempo
b) con tiempo
c) de manera apresurada
d) para decirlo en pocas palabras

507. Cuando el entrevistador le hacía preguntas muy íntimas, la actriz *se salía por peteneras*.

a) se ruborizaba
b) contestaba con mucha educación
c) daba una respuesta que no tenía que ver con lo que le había preguntado
d) no respondía

508. A Julia, pese a que hacía como si no, en realidad *le importaban un bledo* los problemas que Juan le contaba casi a diario.

a) la traían de cabeza
b) no la dejaban dormir
c) no le preocupaban los más mínimo
d) la desbordaban

509. Es una persona de fiar; cuando le encargas algo te lo hace *a las mil maravillas.*

a) muy bien, de modo exquisito
b) con puntualidad
c) sin prisas

d) por poco dinero

510. A pesar de que el año pasado el negocio de la carne lo dejó casi en la ruina, mi primo Andrés *sigue en la brecha* intentando sacar la empresa a flote.

a) sigue luchando
b) trabaja hasta el amanecer
c) se queja de la Seguridad Social
d) hizo una nueva inversión

511. Siempre que le nombro a Raúl lo de su antiguo matrimonio, *se va por las ramas*. Se nota, además, que no le gusta que se lo recuerden.

a) se detiene a contarme todos los pormenores del asunto
b) se enfada airadamente
c) se evade del tema con habilidad
d) se siente aliviado al comprobar que hay alguien dispuesto a ayudarle

512. El piso es realmente una ganga; lo malo es que hay que pagarlo *a tocateja*.

a) al contado, en el momento de la compra
b) en divisas
c) en sólo dos plazos
d) en metálico

513. Aunque la discusión entre los dos hermanos fue tan acalorada, que incluso estuvieron a punto de pegarse, al final *no llegó la sangre al río*.

a) se partieron la cara
b) se dieron un abrazo
c) no tuvo consecuencias graves
d) tuvo que terciar su padre

514. Para sacar esta carrera, que tiene una merecida fama de dura, es necesario estar dispuesto a luchar *a brazo partido*.

a) con los compañeros
b) aunque me parta un brazo
c) con abnegación y constancia
d) a ciegas

515. Después del huracán, la situación era, *a todas luces,* desesperada; más de 20.000 personas se habían quedado sin hogar.

a) por la mañana
b) de modo evidente
c) por la noche
d) en cambio

516. A mi entender, Carmen *se pasó de la raya* al insultar con tales calificativos a su hermana.

a) se excedió
b) se quedó corta
c) fue muy amable
d) se avergonzó

517. La brusquedad de mi hermano es sólo aparente. En realidad, lo único que hace es *llamar al pan pan y al vino vino*.

a) diseñar una estrategia para conseguir sus fines
b) chismorrear como en los patios de una vecindad
c) imitarme hasta en lo malo

d) ser sincero aunque sea a costa de la delicadeza

518. Es cierto que han tardado mucho en dar a conocer los resultados, pero comprenderás que en un asunto tan grave como ése no se pueden tomar decisiones *a tontas y a locas.*

a) solamente
b) que entrañan un grave riesgo
c) sin reflexionar mucho
d) imposibles

519. A. No comprendo esa apatía que muestra Ricardo ante todas las cosas.
B. Es fácil de entender: a su edad, uno ya *está de vuelta de todo.*

a) lo ha experimentado todo y no tiene ilusiones
b) está muy ilusionado
c) sólo hace deporte
d) no tiene dinero

520. Este año he vuelto a *meter la pata* con los regalos de Reyes de mi mujer: los he escondido precisamente en su ropero. Y es que, para estas cosas, yo no valgo.

a) acertar
b) endeudarme
c) cometer un error casi indisculpable
d) cogerme una profunda depresión

521. Teniendo en cuenta las facilidades que dan hoy los bancos, no sé hasta qué punto compensa comprarse una casa *al contado.*

a) que está hipotecada
b) cuando uno tiene una cuenta en un banco
c) a plazos
d) pagando el importe en el momento de la compra

522. Tenía que ser a mí al que le tocara ir por las fiambreras. Nada, chico, que hoy *me ha tocado la china.*

a) me tiraron una piedra
b) me tocó la lotería
c) me gané un billete para la China
d) me tocó la mala suerte

523. Últimamente, añoro bastante las visitas de María. Antes nos veíamos casi todos los días, pero ahora, después de su traslado, sólo la veo *muy de tarde en tarde.*

a) cuando quedamos para comer
b) con escasa frecuencia
c) cuando coincidimos en el supermercado
d) por casualidad

524. Con una persona así hay que *andar con pies de plomo* ya que nunca se sabe bien cómo va a reaccionar.

a) hacer bien las cosas
b) ser muy pesimista
c) armarse de valor
d) tener cuidado, proceder con cautela

525. Mi amiga Adela me contó *con pelos y señales* la discusión que había tenido con su novio la tarde que los vimos en el cine.

a) con todo lujo de detalles
b) por encima

c) muy de prisa
d) sin temor alguno

526. En una democracia, prohibirle a los trabajadores que se declaren en huelga es como *negarles el pan y la sal.* ¿No te parece?

a) darles motivos para que se sientan satisfechos
b) invitarlos a que depongan su actitud
c) reducirlos a meros comparsas de los líderes sindicales
d) no reconocerles algo elemental

527. Como no hizo sino *andarse por las ramas* durante su intervención, no logramos enterarnos de lo que realmente pretendía.

a) decir tonterías
b) dar vueltas a la sala
c) detenerse en lo menos sustancial
d) hablar muy de prisa

528. El juez distó mucho de creerse *a pies juntillas* lo que el acusado confesó en el juicio.

a) sin ninguna sombra de duda
b) sin mucho convencimiento
c) desde que se lo dijimos
d) teniendo los pies juntos

529. Cuando tomo whisky, estoy al día siguiente que *no doy pie con bola.* ¡Lo tengo más que comprobado!

a) me siento a las mil maravillas
b) no recuerdo nada de mi niñez
c) no consigo hacer correctamente lo que pretendo
d) no consigo conciliar el sueño

530. Conociéndolo como lo conozco, no me extraña que cuando estaba en el poder intentase *arrimar el ascua a su sardina.*

a) salir a pescar con frecuencia
b) engañar al público
c) aprovechar la ocasión en beneficio propio
d) comer en los mejores restaurantes

531. Los insultos contra la izquierda que profirieron los militantes de derechas infiltrados en el mitin del partido comunista, hicieron que el acto acabara *como el rosario de la aurora.*

a) con una verbena
b) de forma tumultuosa, con incidentes
c) en seguida
d) con una oración

532. El equipo que nos visitó en aquella final nos dio un verdadero baño en baloncesto. Nosotros, en cambio, *no dimos una a derechas.*

a) bordamos el partido de principio a fin
b) impugnamos el resultado
c) no pudimos pasar ningún balón por la derecha
d) no tuvimos ni mucho menos una intervención acertada

533. Como buen comerciante que es, *barre para adentro* cuando te recomienda algún producto.

a) se comporta de forma interesada
b) hace un buen descuento

c) vende productos pasados de moda
d) vende a precios muy altos

534. Los obreros sabían de antemano que, por mucho que protestaran, no prosperarían sus reivindicaciones, pues la patronal *tenía la sartén por el mango.*

a) era muy benévola
b) cerraría las empresas
c) era la que finalmente decidiría
d) los invitaría a una gran fiesta

535. Recuerdo que en aquel mitin el secretario general del HDF empezó a hablar muy serenamente. Luego, como si lo hubiesen pinchado, la tomó airadamente con el FSA. Total que, al final, *no dejó títere con cabeza.*

a) azuzó a la masa para que cantara «La Internacional»
b) dijo que el problema no era el paro, sino los empresarios
c) se le saltaron las lágrimas por la emoción
d) arremetió indiscriminadamente contra todo el mundo

536. Durante el último claustro universitario, la participación estudiantil *brilló por su ausencia.*

a) tuvo mucho éxito
b) fue nula
c) fue escasa
d) terminó por ausentarse del lugar

537. Aunque parezca una persona tan ingenua y bondadosa, *no comulga con ruedas de molino.*

a) no cree cualquier exageración o mentira
b) no te va a pagar
c) va a misa a diario
d) te guarda rencor

538. Si debo ser sincera, tengo que decirte que me gustan los dos: Ignacio, por su sensatez y sentido práctico, y Lucas, por su simpatía. Así que *no sé a qué carta quedarme.*

a) aplazaré la decisión un año más
b) se lo plantearé a los dos
c) acudiré a una echadora de cartas
d) no me aclaro en cuanto a qué alternativa me conviene más

539. No *le busques tres pies al gato* porque la cosa no tiene vuelta de hoja; el examen te salió mal porque no lo preparaste.

a) te asustes
b) intentes convencerme
c) busques complicaciones donde no las hay
d) le hagas caso

540. Lo que menos me gusta de Alberto son sus atrevidas humoradas. Ayer, sin ir más lejos, marcó un número de teléfono al azar y preguntó si estaba Ronald Reagan. Ya me dirás si eso no es *pasarse de la raya.*

a) jugar con los sentimientos ajenos
b) buscarse complicaciones innecesariamente
c) exponerse a que le quiten la prórroga del servicio militar
d) extralimitarse más de lo que se considera tolerable

541. El director del colegio no tuvo más remedio que *cantarle las cuarenta* al profesor de música para evitar que siguiera faltando a clase cada dos por tres.
a) sustituirlo en sus clases de canto
b) hablarle claramente, recriminándolo
c) ponerle una sanción
d) ensalzarlo públicamente

542. Exigirle a Daniel, que apenas sabe firmar, que se aprenda el código de circulación en un plazo breve de tiempo es *pedirle peras al olmo*.
a) compararlo con un universitario
b) comprometerlo a que dimita
c) pretender de él lo imposible
d) inducirlo a una depresión más que segura

543. Si lo que de veras te ilusiona es vivir en un chalé individual, lo mejor que puedes hacer es *coger el toro por los cuernos* y pedir un préstamo hipotecario.
a) afrontar la situación con valor
b) dar marcha atrás, retroceder
c) no moverte del sitio
d) cambiar de profesión

544. Aquella pregunta, que en sí misma no podía considerarse como capciosa, hizo que nuestro joven profesor de física *perdiera los papeles*.
a) nos suspendiera inapelablemente a todos
b) nos invitara por su cumpleaños
c) se sintiera desorientado, confundido
d) se sintiera exultante y muy agradecido

545. El entrenador estaba echando una reprimenda a todo el equipo, pero Juanito, que *las coge al vuelo*, sabía que iba dirigida a él exclusivamente.
a) es muy listo, entiende las cosas a la menor señal
b) es muy desconfiado
c) no tiene paciencia
d) sabe mucho de baloncesto

546. Lo que más detesto de la vida militar es que cualquier fallo involuntario es motivo para que alguien, que casi siempre es menos que uno, *ponga el grito en el cielo*. ¡Y eso que no me considero un antimilitarista!
a) te felicite con franqueza
b) reaccione airadamente, destempladamente
c) te recrimine, aunque con buenos modales
d) ordene la ruptura de filas

547. Le han estado *comiendo el coco* para que vote por ellos, pero ha decidido abstenerse.
a) invitando a comer con frecuencia
b) haciendo favores
c) ocultando la verdad
d) tratando insistentemente de convencerlo

548. Cuando me parece que algo merece la pena hacerse, lo realizo sin más. La verdad es que, hasta ahora, la política de *ponerme el mundo por montera* me ha dado buenos resultados.
a) ignorar a aquellos que intentan imitarme
b) seguir los consejos paternos
c) no tener en cuenta las críticas de los demás

d) realizar viajes a países exóticos

549. Aquí, como en todas partes, las personas que *cortan el bacalao* son las que tienen el poder y el dinero.

a) comen en buenos restaurantes
b) toman las decisiones, tienen la facultad de disponer
c) trabajan menos
d) se dedican a los negocios

550. Hay que reconocer que lo que Luis pretendía era como *ponerle puertas al campo*, pues intentaba reunir, en una comida de confraternidad, a los doscientos compañeros de la promoción de Derecho de 1963-1968.

a) tener un gesto de afecto
b) protagonizar una vez más el cotarro
c) conseguir lo imposible
d) imponer sus criterios como de costumbre

551. Dos de los socios no hacían más que *chupar del bote*, sin importarles un comino el esfuerzo y la dedicación de los demás.

a) obtener beneficios sin prestar servicios efectivos
b) beber incontroladamente
c) pasear en barca
d) quejarse del exceso de trabajo

552. Trataban de poner una bomba en el banco Finanzas del Cantábrico, pero en cuanto se percataron de que dentro del local estaban las señoras de la limpieza, *pusieron pies en polvorosa.*

a) fueron los primeros en sacar la billetera
b) se largaron a toda velocidad
c) se obstinaron en pedir otra copa
d) le exigieron al camarero el libro de reclamaciones

553. Aunque nunca se habían producido problemas de este tipo, la inclusión de un jugador extranjero en el equipo de baloncesto local originó una serie de protestas, no sólo de los aficionados, sino de sus mismos compañeros, que *le daban de lado* y pedían su exclusión del conjunto rojiblanco.

a) le pegaban
b) lo rehuían, lo ignoraban
c) lo engañaban con frecuencia
d) lo dejaban temblando

554. *Me sacan de quicio* tus escrúpulos higiénicos. Bueno está el bañarse a diario, pero, chico, cuatro veces al día...

a) Me molestan una enormidad
b) Me llenan de orgullo
c) Me dan que pensar
d) Me traen malos recuerdos

555. Dile a Pepe que no se preocupe, que *dé por descontado* que le buscaré a su hijo un buen colegio y la mejor familia que conozca en las afueras de Londres.

a) le recuerde
b) debe saber
c) dé por sentado, lo considere como fuera de duda
d) si está en mis manos

556. A ver si *sientas cabeza* de una vez —le decía su madre a Albertito—, pues más tarde o más temprano tendrás que aprender a conducirte tú solo, y la verdad es que ya tienes edad para eso.
a) me tratas con respeto
b) me das un disgusto con la droga
c) regularizas tu conducta
d) apruebas esa asignatura

557. Estuvo una semana en París y aprovecha la mínima oportunidad para *darse bombo* usando palabras en francés y hablando de los monumentos que visitó.
a) visitar a los amigos
b) darse importancia
c) ejercitar la memoria
d) recordar los buenos ratos que pasó allí

558. Comprar un coche usado *es el cuento de nunca acabar*. Primero fue el radiador el que se me averió. Después las puertas, que no cerraban. ¡Qué sé yo!
a) es una bicoca
b) está bien para aprender a conducir mejor
c) equivale a tener problemas sin cuento
d) es la única alternativa que tengo

559. Con la excepción de unas pocas personas —por razones fácilmente comprensibles—, todo el mundo que asistió a la fiesta del embajador iba *de punta en blanco*.
a) muy elegantemente vestido
b) por razones muy dispares
c) dispuesto a pasarlo bien
d) con ropa deportiva

560. Estoy por pensar que ese vecino *es pájaro de mal agüero*. Cada vez que me encuentro con él me sale algo mal.
a) tiene una destreza envidiable
b) es serio pero parece buena persona
c) me trae mala suerte
d) no declara a Hacienda lo que gana

561. Después de haberme dicho María que era estéril, me quedé *de una pieza* al enterarme de que había dado a luz trillizos.
a) en mi casa
b) paralizada por el asombro
c) encantada
d) sólo un momento

562. Todo depende del cristal con que se mira: si una persona es muy franca, en unos casos se dirá que *no tiene pelos en la lengua*; en otros, en cambio, que es un bocazas.
a) no tiene sensibilidad
b) le gusta dar coba
c) no tiene escrúpulos y, mucho menos, educación
d) habla con una claridad que a veces puede llegar a ser ofensiva

563. No comprendo la actitud de Mario; siempre está insistiendo en que nos tenemos que reunir y cuando organizamos una comida *nos deja plantados*.
a) se enfada
b) nos hace esperar

c) llega el último
d) no viene pese a haberse comprometido

564. «*Me trae sin cuidado* que no me lleves contigo en las próximas vacaciones», le decía el hijo a su padre cuando éste le hacía notar su poco rendimiento en los estudios.
a) No concibo
b) Es para mí un placer
c) Nunca podré olvidar
d) No me importa lo más mínimo

565. Ya puedes *dorarle la píldora* para que no se asuste demasiado cuando vea que la factura que tiene que pagar es más elevada de lo que creía.
a) aconsejarlo
b) decirle suavemente, prepararlo
c) hacerle un descuento
d) inflar el presupuesto

566. Don Justo andaba todo el día recordándoles a sus amistades cuál era el día de las elecciones municipales. Y es que al hombre *se le veía el plumero.*
a) le iba en el envite la vida o poco menos
b) le obsesionaba la idea de no salir elegido
c) le preocupaba defraudar a los jerarcas de su partido
d) se le notaba casi con descaro el interés que le iba en ello

567. La política decidida del Gobierno de intervenir activamente en el mercado inmobiliario *echó por tierra* los planes de más de un especulador.
a) potenció
b) desbarató, malogró
c) respetó
d) aceptó

568. Juan siempre dice que si alguna vez se casa, no será él quien trabaje. Pero ya verás cómo *entra por el aro* cuando su mujer empiece a apretarle las tuercas.
a) se alegra
b) cede, aunque sea a regañadientes
c) hace trampas
d) continúa

569. Aunque odia hacer trabajos de traducción, en este caso no puede *escurrir el bulto* por tratarse de un compromiso.
a) decir que sí
b) negarse, evitar el trabajo
c) hacerlo muy pronto
d) ser muy literal

570. ¿Que Mariano y Dimas se han peleado...? ¡Pero si no hace una semana que hablé con ellos y parecía que *estaban a partir un piñón*!
a) estaban muy ocupados
b) ninguno tenía interés por ese puesto
c) eran muy amigos
d) habían abandonado el proyecto

571. Todo el país *estaba en ascuas* esperando el resultado de las elecciones.
a) se hacía cruces
b) descansaba tranquilo

c) celebraba la victoria por adelantado
d) estaba impaciente, expectante

572. Esta niña se halla en un momento difícil de su vida; siempre *está en las nubes*.
a) hace los viajes en avión
b) está distraída
c) está fuera de casa
d) se está quejando de algo

573. Mi hijo mayor es el único con quien no he tenido nunca problemas. En cualquier sitio donde se encuentre o en cualquier trabajo que tenga que realizar, siempre *estará como pez en el agua*.
a) sigue mis instrucciones
b) estará muy a gusto, absolutamente ambientado
c) hará buenos amigos
d) estudiará los pros y los contras

574. Después de estudiar el asunto con detenimiento, *estoy hecho un lío*: no sé si debo o no presentar un recurso.
a) estoy más decidido
b) veo más peligros
c) estoy muy cansado
d) no veo las cosas con claridad

575. Mi cuñado, que *está pez* en literatura norteamericana, no supo decirme quién era el autor de *Por quién doblan las campanas*.
a) está muy interesado
b) es un profano absoluto
c) es un especialista
d) tiene una licenciatura

576. Ahora es el momento de comprar lo que se quiera, ya que durante las pasadas Navidades todos los artículos de regalo *estaban por las nubes*.
a) costaban muchísimo dinero
b) escaseaban
c) eran de baja calidad
d) tenían algún defecto de fabricación

577. Tras comprobar que *no había moros en la costa*, los muchachos comenzaron a hacer pintadas en las paredes del ayuntamiento llamando a una huelga general.
a) había un silencio absoluto
b) ya había oscurecido
c) no existían motivos para obrar con precaución
d) las paredes estaban limpias

578. Este aparato parece que *ha sido hecho con los pies*, ya que ninguno de los mandos funciona.
a) sólo funciona con pilas
b) tiene un diseño muy avanzado
c) está muy mal fabricado
d) consume mucha gasolina

579. No te preocupes por la nueva *au pair*. Ya verás cómo en seguida *harán buenas migas* ella y los niños de la casa.
a) congeniarán

b) te convencerán
c) dejarán bien limpia la casa
d) conseguirán el primer puesto

580. Como tiene mucho dinero y es soltero, puede *hacer de su capa un sayo*; pero me gustaría verlo viviendo de un sueldo.
a) cambiar de parecer
b) dormir tranquilo
c) hacer lo que le apetezca, con entera independencia
d) hacerse los trajes a medida

581. Para colmo, mi suegra *nos hizo la pascua* viniéndose a vivir con nosotros.
a) nos fastidió
b) nos dio una alegría
c) nos hizo un favor
d) nos facilitó las cosas

582. Como el calor era sofocante, me metí en el agua nada más llegar a la playa, pero sólo hasta donde *hacía pie*.
a) me cubría el agua los pies
b) llegaba con los pies al suelo
c) estaban las rocas
d) había otros bañistas

583. A mitad de su discurso, lo llamaron por teléfono urgentemente y cuando volvió para continuar, *se le fue el santo al cielo* durante algunos minutos.
a) se quedó dormido
b) permaneció de rodillas
c) perdió el hilo de lo que estaba diciendo
d) rezó una oración

584. Comprendo que con el sueldo que gana actualmente y con la familia que tiene, no *levante cabeza.*
a) esté siempre de mal humor
b) le duela la cabeza
c) mejore su situación
d) haga muchos esfuerzos

585. El árbitro del partido de fútbol Madrid-Las Palmas, que tiene debilidad por el Madrid, intentó en todo momento *llevar el agua a su molino*.
a) imponer su autoridad
b) actuar en su propio interés, favoreciendo a su equipo
c) actuar de la manera más imparcial
d) no pitar las faltas involuntarias

586. Las mujeres siempre hemos dejado creer a los hombres que son ellos los que *llevan los pantalones*.
a) dejan llevar la ropa a la tintorería
b) usan prendas de vestir masculinas
c) causan problemas
d) mandan, tienen autoridad

587. *Menos mal* que dejamos la casa bien cerrada y con la alarma puesta cuando nos fuimos de viaje, ya que al resto de los vecinos le entraron a robar.
a) Pienso

b) Estoy seguro
c) Se comprende
d) Gracias a Dios

588. Cuando le dije que no quería volver a verla, *me montó el número* delante de todos mis amigos, lo cual no es de extrañar.
a) me armó un escándalo
b) intentó justificarse
c) me devolvió el billete de lotería
d) me pidió disculpas

589. Pedro lleva una temporada que *no da pie con bola*. Espero que esto sea pasajero porque si no habrá que llamarlo a capítulo.
a) se levanta demasiado temprano
b) no hace ejercicio físico
c) se equivoca continuamente
d) no juega al fútbol

590. Es normal que al ser sus padres tan ricos *no le duelan prendas* a la hora de gastar dinero en libros o en viajes al extranjero.
a) no escatime gastos
b) cambie de opinión
c) le nieguen su ayuda
d) no le den explicaciones

591. Como la traducción que le encargaron *no tenía ni pies ni cabeza,* se vio obligado hacer una versión menos literal del texto.
a) no tenía un final feliz
b) era demasiado corta
c) carecía de interés
d) era completamente disparatada

592. Carmen *no tiene pelos en la lengua* si es preciso dejar bien claro quiénes son los que cometen irregularidades.
a) dice lo que piensa sin reparos
b) se queda callada
c) se sale por la tangente
d) se pone muy nerviosa

593. El caso *no tenía vuelta de hoja*: el asesino de la víctima era su propio marido.
a) era claro y evidente
b) no tenía razón de ser
c) era muy interesante
d) no podía resolverse fácilmente

594. El problema del paro no es algo que el Gobierno pueda *pasar por alto* así como así.
a) resolver
b) eludir, dejar de considerar
c) soportar sin más
d) recomendar a los votantes

595. Para él la idea del matrimonio era inconcebible, pero, por diversas razones, tuvo que *pasar por el aro* y casarse.
a) aceptar la situación aunque no lo desease
b) celebrar la boda en un restaurante

c) casarse por la Iglesia
d) cambiar de opinión

596. Según las últimas encuestas, el candidato de los radicales está *pisándole los talones* al líder de los conservadores.

a) insultando públicamente
b) tratando de provocar
c) siguiendo muy de cerca
d) intentando imitar

597. Cuando las beatas del pueblo se enteren de que Julia se fue a vivir con un hombre, sin casarse primero, van a *ponerla como un trapo*.

a) hablar mal de ella, desacreditarla
b) envidiarla
c) hacerle un vestido
d) sentir vergüenza ajena

598. Manolo, un buen amigo nuestro que vino a vernos ayer, *puso el dedo en la llaga* cuando dijo que el problema de nuestro matrimonio era la incomunicación.

a) nos ofendió
b) acertó en su diagnóstico
c) se equivocó totalmente
d) se ruborizó

599. Anoche encontré a Pedro en el bar totalmente bebido (cosa muy rara en él). Más tarde, él mismo me dijo que lo había hecho para olvidar que su mujer le *había puesto los cuernos*.

a) había engañado con otro hombre
b) había estropeado su vida
c) había pegado mientras dormía
d) había causado un gran disgusto

600. Se armó tal alboroto en la clase a causa de la fecha de los exámenes, que el profesor tuvo que intervenir para *poner los puntos sobre las íes*.

a) evitar mayores problemas
b) apaciguar los ánimos
c) imponer su autoridad
d) aclarar las cosas con todo detalle

601. Pese a no ser su estilo, cuando lo invitaron a la fiesta punky, se cortó el pelo al rape y buscó la ropa adecuada para *ponerse a tono*.

a) ir como lo exigían las circunstancias
b) presumir de «progre»
c) variar un poco su aspecto externo
d) vencer su natural timidez

602. Creo que es mejor que te entregues a la policía *por las buenas*; de lo contrario, ya sabes a lo que te arriesgas.

a) dando las buenas tardes al entrar
b) voluntariamente, de buen grado
c) lo más pronto posible
d) aunque seas inocente

CLAVE DE LA PRIMERA PARTE

1. c	2. c	3. c	4. a	5. c	6. b
7. a	8. d	9. a	10. b	11. b	12. c
13. d	14. a	15. d	16. b	17. c	18. b
19. c	20. c	21. c	22. a	23. a	24. d
25. d	26. c	27. a	28. c	29. a	30. b
31. a	32. d	33. d	34. c	35. a	36. c
37. c	38. b	39. b	40. d	41. a	42. d
43. c	44. c	45. c	46. b	47. a	48. d
49. b	50. b	51. b	52. b	53. a	54. b
55. b	56. a	57. c	58. c	59. a	60. a
61. b	62. b	63. d	64. a	65. a	66. b
67. a	68. b	69. c	70. c	71. a	72. d
73. b	74. a	75. b	76. d	77. a	78. c
79. b	80. d	81. d	82. b	83. a	84. a
85. b	86. c	87. c	88. a	89. a	90. c
91. a	92. b	93. c	94. a	95. a	96. a
97. a	98. a	99. b	100. c	101. a	102. c
103. d	104. a	105. d	106. c	107. b	108. a
109. d	110. a	111. b	112. c	113. b	114. c
115. b	116. c	117. d	118. c	119. d	120. b
121. d	122. d	123. b	124. d	125. b	126. c
127. a	128. d	129. d	130. a	131. d	132. a
133. d	134. a	135. c	136. d	137. c	138. c
139. c	140. a	141. c	142. a	143. d	144. a
145. c	146. b	147. c	148. d	149. a	150. c
151. d	152. a	153. c	154. c	155. a	156. b
157. c	158. d	159. c	160. a	161. c	162. b
163. c	164. d	165. a	166. b	167. a	168. c
169. a	170. b	171. d	172. c	173. a	174. c
175. a	176. b	177. b	178. d	179. d	180. b
181. a	182. c	183. b	184. a	185. a	186. d
187. a	188. b	189. d	190. b	191. d	192. c

193. a	194. c	195. c	196. c	197. a	198. b
199. b	200. d	201. c	202. d	203. a	204. d
205. c	206. b	207. c	208. c	209. a	210. d
211. a	212. d	213. c	214. d	215. c	216. d
217. b	218. b	219. d	220. c	221. a	222. a
223. b	224. d	225. b	226. b	227. b	228. c
229. c	230. d	231. b	232. d	233. b	234. b
235. b	236. c	237. a	238. b	239. a	240. d
241. b	242. d	243. b	244. b	245. a	246. c
247. b	248. b	249. d	250. b	251. a	252. a
253. d	254. b	255. d	256. a	257. b	258. b
259. d	260. b	261. d	262. a	263. a	264. b
265. c	266. c	267. d	268. b	269. d	270. a
271. a	272. b	273. c	274. c	275. c	276. b
277. b	278. c	279. d	280. b	281. a	282. c
283. b	284. d	285. d	286. d	287. b	288. c
289. b	290. d	291. b	292. d	293. c	294. d
295. a	296. c	297. a	298. d	299. a	300. c
301. c	302. c	303. d	304. a	305. a	306. c
307. d	308. b	309. b	310. a	311. d	312. a
313. a	314. b	315. c	316. b	317. d	318. c
319. a	320. a	321. b	322. d	323. a	324. d
325. b	326. b	327. c	328. b	329. a	330. d
331. c	332. c	333. b	334. c	335. b	336. c
337. c	338. a	339. d	340. b	341. b	342. a
343. c	344. d	345. b	346. d	347. a	348. c
349. d	350. c	351. d	352. b	353. b	354. c
355. c	356. d	357. b	358. b	359. b	360. d
361. b	362. d	363. c	364. c	365. a	366. d
367. a	368. a	369. c	370. c	371. d	372. b
373. d	374. b	375. a	376. a	377. b	378. c
379. b	380. d	381. b	382. a	383. c	384. c
385. a	386. c	387. a	388. b	389. d	390. a
391. a	392. a	393. d	394. b	395. c	396. b
397. a	398. c	399. a	400. c	401. a	402. d
403. d	404. d	405. d	406. a	407. c	408. a
409. b	410. d	411. a	412. a	413. b	414. d
415. c	416. b	417. d	418. d	419. a	420. a
421. c	422. b	423. c	424. b	425. a	426. b
427. a	428. b	429. d	430. c	431. a	432. d
433. d	434. c	435. b	436. b	437. a	438. c
439. d	440. a	441. d	442. b	443. a	444. b
445. b	446. c	447. a	448. b	449. a	450. b

451. d	452. d	453. c	454. c	455. a	456. d
457. d	458. d	459. a	460. b	461. a	462. b
463. b	464. b	465. a	466. d	467. c	468. c
469. c	470. a	471. b	472. d	473. a	474. b
475. b	476. b	477. c	478. b	479. a	480. c
481. b	482. a	483. a	484. d	485. c	486. b
487. c	488. a	489. c	490. d	491. a	492. b
493. d	494. c	495. d	496. a	497. a	498. a
499. b	500. c	501. d	502. b	503. a	504. c
505. a	506. b	507. c	508. c	509. d	510. b
511. a	512. b	513. a	514. b	515. a	516. c
517. a	518. b	519. d	520. b	521. d	522. d
523. d	524. a	525. d	526. b	527. c	528. d
529. d	530. a	531. d	532. a	533. a	534. c
535. b	536. a	537. a	538. c	539. a	540. b
541. a	542. b	543. b	544. b	545. b	546. c
547. c	548. d	549. d	550. a	551. b	552. d
553. b	554. a	555. d	556. a	557. a	558. d
559. b	560. a	561. c	562. c	563. b	564. d
565. d	566. a	567. c	568. a	569. a	570. c
571. c	572. a	573. c	574. a	575. a	576. c
577. b	578. a	579. c	580. c	581. d	582. a
583. a	584. a	585. b	586. a	587. d	588. b
589. a	590. a	591. b	592. a	593. c	594. a
595. d	596. a	597. a	598. a	599. b	600. a
601. c	602. a	603. d	604. a	605. b	606. c
607. d	608. a	609. b	610. c	611. d	612. a
613. b	614. c	615. d	616. b	617. c	618. d
619. a	620. b	621. d	622. b	623. c	624. d

CLAVE DE LA SEGUNDA PARTE

1. a	2. a	3. c	4. c	5. c	6. b
7. a	8. a	9. a	10. c	11. b	12. d
13. a	14. d	15. b	16. c	17. c	18. c
19. b	20. a	21. d	22. c	23. c	24. d
25. b	26. a	27. a	28. b	29. b	30. b
31. a	32. a	33. b	34. a	35. c	36. c
37. d	38. a	39. d	40. b	41. d	42. c
43. a	44. b	45. a	46. b	47. a	48. c
49. d	50. b	51. b	52. d	53. c	54. a
55. b	56. a	57. b	58. c	59. d	60. a
61. d	62. a	63. d	64. c	65. a	66. a
67. c	68. b	69. b	70. a	71. d	72. a
73. d	74. a	75. c	76. c	77. c	78. a
79. c	80. a	81. a	82. b	83. b	84. c
85. a	86. c	87. b	88. c	89. a	90. d
91. b	92. b	93. b	94. c	95. a	96. c
97. d	98. c	99. a	100. b	101. a	102. b
103. b	104. d	105. d	106. b	107. a	108. a
109. b	110. c	111. c	112. d	113. a	114. b
115. b	116. b	117. a	118. d	119. a	120. c
121. c	122. c	123. c	124. c	125. a	126. a
127. c	128. b	129. c	130. a	131. a	132. d
133. b	134. a	135. b	136. a	137. d	138. b
139. d	140. a	141. c	142. c	143. b	144. b
145. d	146. c	147. b	148. c	149. c	150. d
151. c	152. d	153. b	154. c	155. a	156. c
157. c	158. c	159. a	160. b	161. a	162. b
163. d	164. a	165. a	166. a	167. b	168. a
169. c	170. b	171. c	172. d	173. a	174. d
175. a	176. c	177. b	178. b	179. a	180. d
181. b	182. d	183. a	184. d	185. b	186. b
187. c	188. c	189. d	190. a	191. b	192. a

193. a	194. d	195. a	196. b	197. c	198. b
199. c	200. a	201. c	202. b	203. a	204. b
205. c	206. c	207. c	208. b	209. a	210. c
211. b	212. d	213. c	214. d	215. b	216. a
217. c	218. b	219. a	220. a	221. a	222. b
223. d	224. a	225. d	226. b	227. d	228. c
229. b	230. b	231. c	232. d	233. d	234. d
235. c	236. c	237. c	238. b	239. b	240. d
241. a	242. a	243. d	244. b	245. b	246. c
247. a	248. c	249. c	250. c	251. d	252. b
253. c	254. d	255. b	256. b	257. c	258. c
259. a	260. a	261. c	262. b	263. b	264. c
265. a	266. c	267. c	268. b	269. b	270. a
271. a	272. a	273. b	274. c	275. b	276. c
277. c	278. a	279. c	280. a	281. b	282. d
283. a	284. c	285. c	286. c	287. a	288. b
289. b	290. d	291. b	292. b	293. b	294. c
295. b	296. c	297. b	298. c	299. d	300. a
301. a	302. b	303. c	304. c	305. c	306. b
307. b	308. d	309. c	310. c	311. a	312. a
313. d	314. b	315. d	316. d	317. c	318. a
319. a	320. d	321. b	322. d	323. c	324. c
325. c	326. b	327. c	328. c	329. c	330. c
331. d	332. d	333. a	334. a	335. a	336. c
337. a	338. b	339. c	340. a	441. c	342. d
343. a	344. d	345. b	346. a	347. b	348. c
349. b	350. c	351. a	352. b	353. d	354. b
355. b	356. a	357. c	358. a	359. b	360. d
361. b	362. c	363. b	364. b	365. d	366. b
367. b	368. c	369. d	370. d	371. a	372. a
373. c	374. b	375. c	376. b	377. c	378. b
379. b	380. d	381. d	382. d	383. c	384. a
385. b	386. b	387. a	388. b	389. a	390. b
391. a	392. b	393. a	394. b	395. a	396. b
397. c	398. a	399. a	400. b	401. a	402. b
403. b	404. a	405. b	406. c	407. a	408. a
409. d	410. b	411. a	412. d	413. b	414. a
415. d	416. d	417. a	418. b	419. b	420. a
421. c	422. c	423. a	424. a	425. b	426. b
427. c	428. b	429. b	430. b	431. a	432. c
433. d	434. b	435. a	436. c	437. c	438. a
439. b	440. c	441. c	442. a	443. a	444. a
445. d	446. b	447. a	448. b	449. d	450. a

451. d	452. a	453. a	454. d	455. a	456. c
457. c	458. b	459. b	460. a	461. d	462. b
463. b	464. b	465. d	466. b	467. c	468. b
469. d	470. d	471. d	472. d	473. a	474. b
475. b	476. b	477. a	478. b	479. b	480. a
481. c	482. a	483. b	484. b	485. b	486. a
487. a	488. c	489. d	490. c	491. c	492. a
493. a	494. d	495. a	496. a	497. c	498. a
499. b	500. b	501. a	502. b	503. d	504. a
505. c	506. a	507. c	508. c	509. a	510. a
511. c	512. a	513. c	514. c	515. b	516. a
517. d	518. c	519. a	520. c	521. d	522. d
523. b	524. d	525. a	526. d	527. c	528. a
529. c	530. c	531. b	532. d	533. a	534. c
535. d	536. b	537. a	538. d	539. c	540. d
541. b	542. c	543. a	544. c	545. a	546. b
547. d	548. c	549. b	550. c	551. a	552. b
553. b	554. a	555. c	556. c	557. b	558. c
559. a	560. c	561. b	562. d	563. d	564. d
565. b	566. d	567. b	568. b	569. b	570. c
571. d	572. b	573. b	574. d	575. b	576. a
577. c	578. c	579. a	580. c	581. a	582. b
583. c	584. c	585. b	586. d	587. d	588. a
589. c	590. a	591. d	592. a	593. a	594. b
595. a	596. c	597. a	598. b	599. a	600. d
601. a	602. b				

ÍNDICE GENERAL DE MODISMOS*

A bocajarro: 29, **29**	Bruscamente, sin preparación
A bombo y platillo: 50, **50**	Con mucha propaganda o con alabanzas exageradas
A borbotones: 44, **44**	Violentamente y con discontinuidad
A capa y espada: 146, **134**	Con mucho celo y ardor (defender)
A carta cabal: 203, **311**	Que posee íntegramente y en más alto grado la cualidad que se expresa
A ciegas: 532, **503**	Sin ver, sin conocimiento o reflexión
A ciencia cierta: 551, **407**	Con certeza, con toda seguridad
A diestro y siniestro: 594, **492**	Sin orden y sin método
A disgusto: 12, **12**	Con desagrado
A duras penas: 21, **21**	Apuradamente, con mucho trabajo
A empellones: 36, **36**	A empujones
A flor de piel: 575, **462**	De una forma muy sensible, sensibilizado, excitado
A grandes rasgos: 1, **1**	Sin detalles, superficialmente
A hurtadillas: 192, **192**	Oculta o disimuladamente
A la buena de Dios: 363, **363**	Al azar, sin plan o sin precaución
A la carrera: 197, 476, **305**	Corriendo o con mucha rapidez
A la chita callando: 4, 107, **4**	En secreto, con disimulo
A la desesperada: 20, **20**	Con un esfuerzo desesperado por lograr lo que se pretende o encontrar la salvación
A la larga: 493, **506**	Después de haber pasado bastante tiempo
A las mil maravillas: 511, **509**	Muy bien, de modo exquisito y primoroso
A las primeras de cambio: 116, **107**	A la primera oportunidad
A las tantas: 7, **7**	A cualquier hora muy avanzada del día o de la noche
A marchas forzadas: 273, **273**	Con mucha prisa y précipitación
A ojo de buen cubero: 321, **321**	Sin medir, contar o pesar aquello de lo que se trata
A paso de tortuga: 17, **17**	Lentamente
A pedir de boca: 32, **32**	Todo lo bien que cabe desear
A pierna suelta: 5, 610, **2**	Con completa despreocupación (dormir)
A pies juntillas: 2, 491, **5**, **528**	Sin ninguna sombra de duda (creer)
A punta de pala: 554, **408**	En gran cantidad
A quemarropa: 10, **10**	Desde muy cerca
A rajatabla: 13, **13**	Con todo rigor, de manera absoluta

* Los números son los del orden en que aparece el modismo en cada una de las dos partes.

A regañadientes: 584, **474**	Con disgusto o repugnancia de hacer una cosa
A sabiendas: 8, **8**	Con conocimiento del valor, consecuencias, etc., de la acción de que se trata
A salto de mata: **489**	Sin previsión, método u orden
A secas: 16, **16**	Solamente, sin otra cosa alguna
A tiro hecho: 19, **19**	Con propósito deliberado y bien definido
A tocateja: 499, **512**	Al contado, realización del pago de algo en el momento en que se efectúa la compra
A todas luces: 616, **515**	De modo evidente
A todo gas: 429, **433**	A gran velocidad
A tontas y a locas: 496, **518**	Sin discernimiento ni reflexión, de manera atropellada
A trancas y barrancas: 22, **22**	Con tropiezos, dificultades o interrupciones
Abrir la mano: 228, **228**	Aflojar el grado de exigencia para acceder o aspirar a la obtención de algo
Aflojar la mosca: 439, **455**	Pagar dinero por algo
Agarrarse a un clavo ardiendo: 299, **188**	Aprovechar cualquier medio, por desagradable que sea, que permita salir de un apuro o peligro
Aguantar carros y carretas: 185, 470, **296**	Soportar o padecer mucho
Ahuecar el ala: 25, **25**	Irse, marcharse, largarse
Ajustar las cuentas a alguien: 434	Reprenderlo con amenazas o decirle las quejas que se tienen de él
Al contado: 487, **521**	En el momento de efectuar la compra, a tocateja (pagar)
Al garete: 423, **427**	Desorientado, sin norte (andar, quedarse, etc.)
Andar a la greña: 135, **135**	Estar dos o más personas en desacuerdo y siempre dispuestas a promover disputas
Andar con pies de plomo: 550, **524**	Proceder con mucha cautela o prudencia ante una situación delicada
Andar metido en líos: 28, **28**	Estar comprometido en situaciones difíciles
Andarse por las ramas: 523, **526**	Detenerse en lo menos sustancial de un asunto
Andarse uno con rodeos: 31, **31**	Decir algo sin la claridad necesaria, o eludiendo decir la verdad
Apear a alguien del burro: 34, **34**	Sacar de un error tercamente mantenido, convencerlo para que cambie de actitud
Apretar las clavijas a una persona: 296, 518, **185, 429**	Tratarla con severidad para que cumpla con su deber o para obtener lo que se pretente de ella
Armarse una marimorena: 37, **37**	Producirse una riña, altercado, alboroto de grandes proporciones
Arrimar el ascua a su sardina: 621, **530**	Dirigir las cosas en provecho propio sin mirar por el interés de los demás
Arrojar por la borda: 47, **47**	Desprenderse de algo que constituye un lastre
Atar cabos: 86, 569, **453**	Relacionar datos o noticias de distintas procedencias, con los que se aclara o descubre algo
Bailarle el agua a alguien: 40, **40**	Tratar de serle grato, halagándolo o dándole en todo la razón
Barrer para adentro: **553**	Comportarse de una manera interesada o egoísta
Beber los vientos por alguien: 43, **43**	Estar enamorado de alguien, desvivirse por alguien
Borrón y cuenta nueva: 56, **56**	Olvido de cuentas, deudas, faltas o errores pasados (hacer)
Brillar por su ausencia: 622, **536**	No estar o no haber en el lugar en que se piensa podía o debía estar o existir algo o alguien
Buscar la cosquillas a alguien: 46, 406, **46**	Provocarlo, hacerlo enfadar
Buscar tres pies al gato: 623, **539**	Buscar o ver complicaciones donde no las hay
Cada dos por tres: 15, **15**	Con mucha frecuencia
Caer alguien bien a uno: 49, **49**	Causarle buena impresión, resultar agradable

Caer en gracia: 441, **445**	Resultar agradable o gracioso a alguien
Caer en la cuenta: 437, 542, **414**	Percatarse de algo que no se comprendía antes
Caérsele a alguien el alma a los pies: 95, **92**	Sufrir una desilusión o desengaño
Caérsele a alguien la baba: 92, **89**	Sentir mucha admiración o cariño por alguien
Caérsele a alguien la cara de vergüenza: 98, **95**	Sentirse extraordinariamiente avergonzado
Caérsele a alguien los anillos: 52, **52**	Desmerecer de su dignidad, jerarquía o clase social
Calentarse alguien los cascos: **338**	Estudiar mucho, cavilar o pensar mucho sobre una cosa
Cambiar de chaqueta: 119, **110**, **380**	Cambiar de opiniones o de partido
Campar alguien por sus respetos: 55, **55**	Obrar uno a su antojo, con entera independencia, sin sujetarse a ninguna disciplina o consideración
Cantarlas claras: 137, **128**	Responder a una persona o decirle abiertamente el parecer o las quejas que se tienen de ella
Cantarle las cuarenta a alguien: 624, **541**	Decirle claramente la verdad por desagradable que sea, acusarlo de sus faltas
Cargar con el mochuelo: 282, **282**	Tener que afrontar algo fastidioso que nadie quiere o de lo que todo el mundo se desentiende
Cargar con el muerto: 300, **300**	Soportar alguien un trabajo, culpa, etc., del que otros quieren desmarcarse
Cerrar filas: 66, **66**	Estrechar la unión entre sí los que forman una comunidad, por ejemplo frente a un peligro
Chupar del bote: 505, 508, **551**	Obtener beneficios sin trabajar de un modo efectivo
Chupar rueda: 85, **76**	Aprovecharse alguien del esfuerzo ajeno, aguantar en algún puesto de trabajo, esperando ascender a mejores posiciones
Chuparse el dedo: 316, **316**	Véase «No chuparse el dedo».
Clamar al cielo: 284, **170**	Ser una cosa merecedora de condenación por muy injusta, cruel o abusiva
Coger a alguien con las manos en la masa: 231, **231**	Sorprender a alguien justamente en el momento en el que hace algo para lo que procura esconderse
Coger el hilo de algo: 171, **171**	Darse cuenta de lo que se está tratando y ponerse en condiciones de seguir el discurso, conversación, etc.
Coger el toro por los cuernos: 556, **543**	Afrontar un asunto difícil con valor y decisión
Cogerlas al vuelo: 617, **545**	Entender las cosas con una indicación o señal, por muy ligera que sea; ser muy listo
Cogerle el gusto a algo: 147, **147**	Aficionarse a algo
Comer como un sabañón: 58, **361**	Comer mucho y con ansia
Comer la sopa boba: 61, **58**	Vivir sin trabajar o a costa de otras personas
Comerle a alguien el coco: 559, **547**	Convencerlo de algo con insistencia y artimañas
Como a las niñas de mis ojos: 336, **336**	Con mucho cariño o con mucho cuidado
Como alma que lleva el diablo: 11, **11**	Precipitadamente, como huyendo de algo
Como caído del cielo: 281, **167**	Llegado o sucedido inesperadamente pero con mucha oportunidad
Como Dios le da a alguien a entender: **3**	Arreglándoselas como uno puede
Como Dios manda: 6, **6**	Debidamente, bien

Como el rosario de la aurora: 3, 482, **531**	Violentamente, tumultuosamente (acabar, terminar)
Como gallina en corral ajeno: 99, 450, **454**	Como un extraño, incómodo, desplazado, etc., en un ambiente determinado
Como las propias rosas: 64, **61**	Muy a gusto, en un estado o situación que procura felicidad o satisfacción
Como los chorros del oro: 272, **158**	Muy limpio y reluciente
Como Pedro por su casa: 596, **498**	Con desenvoltura que puede ser excesiva e impertinente
Como pez en el agua: 453, **457**	Muy ambientado y con mucha naturalidad
Como quien no quiere la cosa: 70, 394, **64**	Con disimulo, como si no se pretendiera conseguir el resultado al que realmente se tiende
Como quien oye llover: 315, **315**	Sin hacer caso alguno de las recomendaciones o sugerencias
Como si tal cosa: 73, 397, **67**	Como si no hubiera pasado nada
Con cajas destempladas: 101, **98**	Con enfado o violentamente
Con conocimiento de causa: 350, **239**	No a la ligera, sino conociendo debidamente los motivos o antecedentes que justifican la determinación o acción de que se trata
Con el corazón en la mano: 353, **242**	Tal como se siente
Con gran dolor de corazón: 371, **372**	Con mucha pena (dícese especialmente cuando se ha de tomar una determinación que representa un daño para alguien)
Con la boca abierta: 26, **26**	Atónito
Con pelos y señales: 488	Muy detalladamente
Contra viento y marea: **179**	Enfrentando todas las dificultades, obstáculos, etc.
Corriente y moliente: 373	Sin nada extraordinario o notable
Cortar el bacalao: 514, 562, **549**	Tener superioridad o dominio, ser una persona la que sobresale o se impone en un sitio o una actividad, llevar la iniciativa, disponer
Cortar por lo sano: 382, **266**	Poner fin tajantemente con un acto de energía a una situación que causa disgusto
Costar algo un ojo de la cara: 324, **324**	Salir algo muy caro, en dinero o en otra cosa
Costar algo un riñón: 76, 530, **70**, **392**	Costar muy caro
Costarle caro a alguien: 182, 464, **293**	Resultarle a alguien un daño o perjuicio grave de cierta acción suya
Crecer como la espuma: 386, **387**	Acrecentarse mucho y rápidamente algo
Cruzarle la cara a alguien: 158, **146**	Darle una bofetada
Cubrir el expediente: 392, **393**	Hacer alguien en una cosa solamente lo indispensable para que no puedan castigarlo, reconvenirlo o censurarlo
Cubrirse las espaldas: 45, **45**	Contar, al acometer una empresa, con seguridades que le garanticen contra cualquier riesgo
Curarse alguien en salud: 82, **73**	Prevenirse por anticipado contra las consecuencias de un posible percance o responder alguien por anticipado a objeciones que se le puedan hacer
Dar a alguien en la cresta: 412	Humillar o desengañar a una persona cuando tiene excesivo atrevimiento
Dar a alguien la vena: 115, 509, **106**, **420**	Darle la manía, sentir un impulso repentino e irrazonable que puede dar lugar a algún tipo de comportamiento alocado
Dar a alguien mala espina una cosa: 54, **54**	Hacerle pensar que ocurre o va a ocurrir algo malo o desagradable

Dar a alguien sopas con honda: 133, **121**	Superar, vencer a alguien, demostrar una gran superioridad sobre alguien en una situación de competencia
Dar algo de sí: 97, **88**	Estirarse, rendir o producir más
Dar algo por sentado: 118, **109**	Suponerlo como fuera de duda o discusión
Dar alguien la talla: 112, **103**	Cumplir lo requerido para algo
Dar calabazas: 104, **101**	Rechazar un requerimiento amoroso
Dar carta blanca a alguien: 206, **314**	Autorizarle para obrar en un asunto según su propio criterio
Dar con algo/alguien: 88, **79**	Encontrarlo, acertar
Dar de lado a alguien: 565, **553**	Apartarse del trato o compañía de alguien, rehuirlo
Dar ejemplo: 33, **33**	Hacer algo que pueda servir de modelo positivo para alguien
Dar el do de pecho: 369, **369**	Lograr algo que supone un esfuerzo extraordinario
Dar en el clavo: **191**	Acertar o descubrir algo
Dar gato por liebre: 100, 108, **91, 108**	Engañar haciendo pasar una cosa por otra mejor
Dar la callada por respuesta: 106, **97**	No responder, dejar intencionadamente de contestar
Dar la cara: 161, **149**	Responder uno de sus propios actos
Dar la lata: 456, **460**	Fastidiar o molestar con cosas o acciones inoportunas
Dar la nota: 459, **463**	Comportarse inoportunamente, inconvenientemente
Dar la tabarra a alguien: 109, **100**	Resultar algo o alguien pesado o molesto por su insistencia
Dar la vuelta la tortilla: 127, 130, **118**	Cambiar por completo una situación
Dar palos de ciego: **465**	Actuar a tientas en una cosa y con escasa efectividad
Dar por descontado: 568, **555**	No tener duda alguna con respecto a algo pasado o futuro
Dar rienda suelta: 124, **115, 477**	Dar libre curso a alguna manifestación, estado de ánimo, etc.
Dar un baño a alguien: 103, **94**	Vencerlo, superarlo. Mostrar superioridad manifiesta sobre alguien en una situación de competencia
Darle esquinazo a alguien: 57, **57**	No acudir a una cita concertada con alguien
Darle largas a algo: 462, **466**	Retrasar deliberadamente con pretextos o promesas de hacer o resolver alguna cosa
Darse bombo/pisto: 618, **557**	Presumir, alardear de algo que se tiene
Darse con un canto en el pecho/en los dientes: 91, **82**	Conformarse con el resultado de algún asunto o gestión que podía haber acabado peor
Darse de bofetadas: 14 , **85**	Desentonar, no ir bien una cosa con otra
Darse un tortazo: 121, **112**	Darse o recibir un golpe violento al chocar con algo o caerse, tener un accidente aparatoso
Darse un tute: 136, **124**	Hacer un esfuerzo extraordinario, trabajando intensamente en algo durante cierto tiempo
De bote en bote: 190, 560	Véase «Estar un lugar…»
De buen grado: 129, **129**	Con voluntad, con gusto
De buenas a primeras: 68, **68**	Bruscamente, sin preámbulo o preparación
De cabo a rabo: 465, **469**	Completo, desde el principio hasta el fin
De capa caída: 143, 553, **131**	Decayendo en categoría, fortuna, posición, salud, etc.
De carretilla: 200, **308**	Rutinariamente
De golpe y porrazo: 117, **117**	Rápidamente, súbitamente y sin transición
De gorra: 123, **123**	Sin pagar, generalmente con abuso
De hito en hito: 180, **180**	Con mirada fija (mirar)
De hoz y coz: 186, **186**	Sin reparos ni miramientos, intensamente
De los/las que hacen época: 377, **378**	De excepcional magnitud, trascendencia, etc.
De mal en peor: 225, **225**	Cada vez peor con cada cambio que se hace u ocurre

De mala fe: 63, **63**	Con mala intención o con engaño
De mala muerte: 297, **297**	Pobre o de escasa entidad o valor
De oídas: 444, **478**	Se dice de lo que se conoce únicamente por haber oído de ello
De pacotilla: 468, **472**	De clase inferior o de poca calidad
De padre y muy señor mío: 471, **475**	Muy grande, extraordinario, sorprendente
De perilla: 288, **288**	Muy adecuadamente, muy oportunamente
De primera mano: 234, **234**	De la persona que lo ha hecho, o del sitio de origen, sin intermediarios
De punta en blanco: 629, **559**	Muy acicalado y con las mejores prendas de vestir, muy elegantemente vestido
De tres al cuarto: 142, 428, **130, 444**	De poca categoría
De una pieza: 520, 533, **395, 561**	Paralizado por el asombro (quedarse, dejar a uno)
De uvas a peras: 139, **127**	Raramente, muy de tarde en tarde, muy pocas veces
Dejar a alguien clavado: 305, **224**	Dejarlo confuso y desconcertado, sin saber qué hacer o decir
Dejar a alguien en la estacada: 389, **390**	Abandonarlo en una situación apurada
Dejar a alguien plantado: 619, **563**	No acudir a la cita convenida, no prestar la colaboración o ayuda acordada o que se espera
Dejarse llevar por la corriente: 368, 376, 379, **260**	Adoptar una postura cómoda de no oponerse a la marcha espontánea de las cosas o a lo que hacen otros
Despacharse uno a gusto: 150, **150**	Desahogarse diciendo o haciendo algo sin reprimirse
Dorarle la píldora a alguien: 477, 620, **481, 565**	Decir alguna cosa desagradable suavizándola para atenuar el mal efecto que pueda producir
Dormirse en los laureles: 207, **207**	Abandonarse o cesar en un esfuerzo después de haber conseguido un triunfo
Echar a alguien un rapapolvo: 157, **145**	Reprender duramente, severamente
Echar algo a suertes: 145, 539, **133, 401**	Decidir algo por un procedimiento de resultados imprevisibles como un sorteo
Echar chispas: 269, **371**	Estar muy enfadado, indignado o colérico
Echar el gancho a alguien: 420, **424**	Sujetar a alguien para cualquier cosa, en sentido material o figurado
Echar el resto: 151, **139**	Hacer, corriendo cierto riesgo, todo lo posible para conseguir algo que resulta difícil
Echar en saco roto: 154, **142**	Olvidar
Echar la casa por la ventana: 215, **323**	Derrochar alegre e inmoderadamente
Echar las campanas al vuelo: 125, **116, 386, 459**	Dar publicidad prematura a una noticia que se estima positiva
Echar leña al fuego: 78, **78**	Avivar la gravedad, intensidad, etc., de algo
Echar los hígados: 168, **168**	Ajetrearse, esforzarse o trabajar con exceso
Echar por tierra: 611, **567**	Desbaratar, malograr, destruir, frustrar algo
Echar todo/algo por la borda: 483, **484**	Estropear algo, hacer que fracase o que se malogre
Echar un capote a alguien: 152, **140**	Acudir oportunamente en ayuda de alguien
Echar una cabezada: 83, **83**	Quedarse dormido unos momentos
Echar una cana al aire: 148, **136**	Permitirse ocasionalmente una diversión o expansión alguien que de ordinario vive sin ellas
Echar una mano: 240, **240**	Prestar ayuda en algo

Echarle el guante a algo: 141, **141**	Robar, sustraer algo
Echarle el ojo a algo: 345, **345**	Fijarse en algo con el fin de llegar a tenerlo, comprándolo, robándolo, etc.
Echarlo todo/algo a rodar: 374, **375**	Estropear un asunto por no tener el suficiente tacto, temple, discreción, etc.
Echarse atrás: 27, **27**	Desdecirse, por ejemplo de un trato o de una promesa
El que no corre vuela: **257**	Comentario que se hace cuando se descubre que una persona está en cierto asunto tan avisada o dispuesta a sacar provecho de él como otros
Empinar el codo: 308, **197**	Ingerir con exceso bebidas alcohólicas
En cantidad: 140	En número o proporción importante
En menos que canta un gallo: 93, 417, **93, 421**	Con mucha rapidez, invirtiendo poco tiempo en la cosa de que se trata
En mis propias narices: 360, **360**	Delante de mí, sin recatarse ante mi presencia
En resumidas cuentas: 163, **151**	En conclusión, como resumen de todo lo dicho
En un abrir y cerrar de ojos: 327, **327**	En un instante, con mucha rapidez
En un dos por tres: 18, **18**	Muy rápidamente, en poquísimo tiempo
En un soplo: 160, **148**	En un espacio muy corto de tiempo, en un santiamén
Encogérsele a alguien el ombligo: 351, **351**	Asustarse o sentir aprensión ante un peligro u otra cosa
Encogérsele a uno el corazón: 356, **245**	Sentirse amenazado o asustado
Engañar a uno como a un chino: 266, **368**	Engañar completamente a la persona de que se trate
Enmendarle la plana a alguien: 483, **487**	Encontrar defectos en lo que ha hecho, hacer una cosa mejor que otra persona o hacerla bien cuando esa persona la ha hecho mal
Enseñarle a alguien los dientes: 166, **154**	Demostrarle a alguien que uno es capaz de resistirle o atacarle a fin de no ser indebidamente subestimado
Entrar por el aro: 612, **568**	Ceder, aceptar algo a pesar de la repugnancia que se siente hacia ello, aceptar algo contra voluntad
Entre bromas y veras: 486, **490**	Mitad humorísticamente mitad en serio
Entre la espada y la pared: 42, **42**	En trance de tener que decidirse por una de dos cosas igualmente malas
Entre Pinto y Valdemoro: 492, **496**	Estar alguien o algo indeciso o indeterminado entre dos cosas
Escurrir el bulto: 74, 625, **74, 569**	Evadir un trabajo, riesgo o compromiso
Estar a las duras y a las maduras: 24, **24**	Aceptar la parte o el aspecto desagradable de una cosa lo mismo que se disfruta el bueno o agradable
Estar a partir un piñón: 613, **570**	Congeniar, llevarse muy bien dos o más personas, haber entre ellas mucha amistad y armonía
Estar a rabiar: 172, **160**	Estar muy enfadadas dos o más personas entre sí
Estar al pie del cañón: 498, 548, **404, 502**	Ocuparse alguien de lleno y con constancia en un asunto, estar atento a su trabajo, deber, etc.
Estar algo de patas arriba: 495, **499**	Estar algo en desorden
Estar algo pendiente de un hilo: 174, **174**	Estar algo poco seguro o en mucho riesgo
Estar algo por los suelos: 211, **199**	Encontrarse algo muy despreciado
Estar alguien a dos velas: 169, **157**	No tener dinero
Estar alguien a la que salta: 175, **163**	Estar siempre dispuesto a aprovechar una oportunidad, generalmente para mejorar de posición económica

Estar alguien como para parar un tren: 184, **172**	Ser muy atractivo físicamente
Estar alguien como una cabra: 89, **86**	Estar chiflado
Estar alguien como una regadera: 178, **166**	Estar loco, sonado o ser muy alocado
Estar alguien como una seda: 181, **169**	Estar muy dócil y sumiso
Estar alguien de mala uva: 193, 515, **181, 426**	Estar de mal humor, enfadado
Estar alguien de vuelta de algo: 196, 500, **184, 519**	Conocer bien la cosa de que se trata por tener experiencia de ella
Estar alguien en Babia: 199, **187**	Estar distraído, despistado o ajeno a aquello de que se trata
Estar alguien en mantillas: 270, **270**	Estar muy al principio o estar muy inocente o ignorante de cierta cosa
Estar alguien en sus cabales: 71, **71**	Tener alguien completas o normales sus facultades mentales
Estar bajo la férula de alguien: 447, **451**	Depender de él o estar bajo su dirección
Estar como pez en el agua: 615, **573**	Estar a gusto, cómodo en un sitio
Estar con la mosca detrás de la oreja: 294, **294**	Experimentar cierto recelo o sospecha todavía imprecisos, por algo
Estar con la soga al cuello: 187, **175**	Encontrarse en una situación apurada o verse amenazado de un peligro inminente
Estar curado de espanto: 48, **48**	No avergonzarse, escandalizarse o impresionarse de cierta cosa por estar ya acostumbrado a ella
Estar dejado de la mano de Dios: 237, **237**	Estar abandonado o descuidado por quienes tienen el deber de hacer lo contrario
Estar en ascuas: 571, **571**	Estar impaciente esperando el resultado de algo o por algo que puede suceder
Estar en el candelero: 131, **122, 389**	Disfrutar circunstancialmente de mucha influencia o prestigio
Estar en ello: 202, **190**	Estar ocupándose de algún asunto en el que se está interesado
Estar en la brecha: 62, **62**	Estar siempre dispuesto a emplearse en la defensa de una institución, un ideal, etc.
Estar en las nubes: 554, **572**	Estar distraído, despistado
Estar hasta la coronilla: 362, **251**	Estar harto de cierta cosa
Estar hecho con los pies: 541, **578**	Estar mal hecho, defectuosamente fabricado
Estar (ir, salir, etc.) hecho un brazo de mar: 205, **193**	Ir ataviado con lujo y elegancia, estar muy elegante o acicalado
Estar hecho un lío: 579, **574**	No entender algo con claridad
Estar hecho una sopa: 208, **196**	Estar empapado, muy mojado
Estar mano sobre mano: 243, **243**	Estar ocioso, sin hacer nada
Estar pez: 614, **575**	No saber nada de un asunto o de una materia determinada
Estar por las nubes: 577, **576**	Ser algo muy caro
Estar tirado algo: 214, **202**	Ser muy barato o ser muy fácil de hacer
Estar un lugar de bote en bote: 190, 557, **178, 438**	Estar completamente lleno de gente
Estirar la pata: 217, **205**	Morirse, fallecer
Faltarle tiempo a alguien para hacer algo: 220, **211**	Hacerlo en seguida, inmediatamente

Frente a frente: 72, **72**	Uno frente a otro
Frotarse las manos: 246, **246**	Sentir satisfacción por algo (frecuentemente denota malignidad)
Guardar la línea: 216, **216**	Mantenerse delgado y esbelto
Guardar las distancias: 366, **366**	Mantenerse cada uno con respecto a la(s) otra(s) persona(s) en la actitud que corresponda a su categoría, para evitar excesos de confianza
Guardar las formas: 398, **399**	Comportarse de manera normal, cuando de hecho hay razones para no actuar así
Haber gato encerrado en algo: 111, **111**	Haber algo que se mantiene oculto
Haber moros en la costa: 581, **577**	Haber motivos para obrar con precaución y cautela
Hablar en cristiano: 419	Expresarse en lengua propia del que escucha o abiertamente y de una manera clara y comprensible para todos los presentes
Hablar por los codos: 311, **200**	Hablar mucho
Hacer a alguien el caldo gordo: 232, **220**	Actuar de tal modo que se favorece a otro sin querer
Hacer a alguien un flaco servicio: 253, **241**	Causarle un perjuicio más que un beneficio
Hacer algo agua: 223, **208**	Decaer algo, amenazando con arruinarse
Hacer alguien todo lo que está en su mano: 249, **249**	Hacer lo que puede para conseguir la cosa de que se trata
Hacer alguien una de las suyas: 262, **250**	Hacer cosas extravagantes, graciosas, o, por el contrario, censurables, que contrastan con la norma común de comportamiento y que son propias de la persona de que se trata
Hacer borrón y cuenta nueva: 56, **56**	Véase «Borrón y cuenta nueva»
Hacer buenas migas: 583, **579**	Congeniar, avenirse en el trato dos o más personas
Hacer castillos en el aire: 245, **350**	Concebir demasiadas esperanzas o ilusiones sobre algo
Hacer de su capa un sayo: 605, **580**	Obrar alguien según su propio albedrío y con entera independencia
Hacer de tripas corazón: 229, **217**	Esforzarse por disimular el miedo o cualquier otra impresión, o sobreponerse para hacer algo que repugna o implica un esfuerzo
Hacer el vacío a alguien: 238, **226**	Aislarlo, rehuirlo o dificultarle el trato
Hacer gala de cierta cosa: 415, **418**	Presumir de algo, jactarse
Hacer la cama a alguien: 113	Tramar en secreto algo para causar daño a alguien
Hacer la comedia: 332, **221**	Simular
Hacer la contra a alguien: 241, **229, 501**	Oponerse a lo que alguien dice o intenta
Hacer la corte: 385, **269**	Cortejar, halagar, galantear
Hacer la pascua a alguien: 520, **581**	Fastidiarle, molestarle
Hacer la rosca a alguien: 244, **232**	Adularle, halagarle para obtener de él algún provecho
Hacer la vista gorda: 247, **235**	Fingir con disimulo que uno no ha visto cierta cosa que tendría que reprender o corregir
Hacer leña del árbol caído: 501, **505**	Ensañarse, interesadamente o no, contra alguien que ha tenido un fracaso
Hacer novillos: 309, **309**	Dejar de ir a un sitio a donde se tiene la obligación de ir (dícese particularmente de los escolares que no asisten a sus clases)
Hacer pie: 535, **582**	Tocar el suelo con los pies manteniendo la cabeza fuera del agua
Hacer sombra a alguien: 250, **238**	Ser causa una persona de que otra no sobresalga o se distinga, por sobrepasarla en mérito, habilidad, calidad, etc.
Hacer tilín a alguien: 259, **247**	Gustar mucho alguien o algo

Hacerse de rogar: 226, **214**	Resistirse alguien a hacer algo por el gusto de que se lo pidan con insistencia
Hacerse el loco: 219, **219**	Simular alguien que está distraído o que no se entera de algo, para no verse en el caso de contestar o de obrar en consecuencia
Hacerse el sueco: 235, 590, **223**, **483**	Disimular, hacer como que no se oye, ve o entiende algo que no interesa
Hacerse uno un lío/taco: 256, 524, **244**	Embarullarse alguien diciendo o haciendo algo, no entender algo con claridad
Hacérsele a alguien la boca agua: 35, **35**	Pensar con delectación en una cosa, particularmente de comer
Hay ropa tendida: 265, **253**	Estar presentes ciertas personas, niños generalmente, que no conviene que escuchen lo que se habla
Hilar muy fino: 177, **177**	Proceder con sumo cuidado, especialmente por lo que hace referencia a asuntos delicados
Importarle algo a alguien un bledo: 504, **508**	No preocuparle lo más mínimo
Ir a lo suyo: 268, **256**	Obrar pensando sólo en el propio interés
Ir algo manga por hombro: 258, **258**	Marchar algo con descuido y desorden, estar algo falto de la debida dirección y control
Ir algo sobre ruedas: 274, **262**	Ir muy bien
Ir algo viento en popa: 271, **259**	Ir muy bien, prósperamente, sin dificultades
Ir directamente al grano: 132, **132**	Tratar o referir lo fundamental de un asunto, sin entretenerse en lo accesorio
Irse (marcharse, venirse, etc.) con las manos vacías: 252, **252**	Irse, marcharse, venirse, etc., sin haber logrado lo que se pretendía
Irse de la lengua/Írsele a alguien la lengua: 210, **210**	Decir algo que se debe callar por prudencia o discreción
Irse por las ramas: 507, **495, 511**	Desviarse de lo que es propiamente el asunto de que se trata
Irse por los cerros de Úbeda: 257, **362**	Desviarse (con frecuencia, interesadamente) del asunto de que se trata
Írsele a alguien el santo al cielo: 529, **583**	Olvidársele lo que iba a decir o hacer
Írsele a alguien la fuerza por la boca: 410, **412**	Hablar demasiado y no obrar correspondientemente
Írsele a alguien los ojos tras de algo: 333, **333**	Mirar algo con deseo o envidia
Jugar con fuego: 81, **81**	Entretenerse u ocuparse frívolamente en algo que puede resultar peligroso
Jugarse el tipo: 277, **265**	Poner alguien su vida en peligro, arriesgándose
Jugarse el todo por el todo: 198, **198**	Hacer o emprender una cosa en que lo mismo puede encontrarse la salvación que perderse todo
Lavarse las manos: 255, **255**	Desentenderse de la responsabilidad de algo, generalmente enojoso, en que se considera que uno no tiene la obligación de intervenir
Leerle a alguien la cartilla: 212, **320**	Reprenderlo, aleccionarlo
Levantar cabeza: 603, **584**	Salir de la mala situación en que uno se halla (fr. neg.)
Levantarse con el pie derecho: 280, **268**	Empezar algo con buena suerte y acierto
Liarse la manta a la cabeza: 264, **264**	Tomar una decisión que, de antemano, se ve como arriesgada

Ligero de cascos: 236, **341**	Se aplica a una persona informal o irreflexiva. (Aplicado a mujeres: coqueta, frívola)
Llamar a capítulo: 149, **137**	Exigir a alguien que dé cuenta de sus actos
Llamar al pan pan y al vino vino: 513, **517**	Decir las cosas con claridad y sin rodeos
Llegar y besar el santo: 286, **274**	Conseguir algo que se pretende en cuanto se intenta
Llevar a alguien la corriente: 506, **263, 417**	Asentir a lo que alguien dice o hace
Llevar el agua a su molino: 607, **585**	Orientar en provecho propio alguna circunstancia
Llevar la contraria a alguien: 289, **277**	Oponerse a lo que alguien dice o intenta
Llevar las riendas: 292, **280**	Ser cierta persona la que dirige la buena marcha de algo
Llevar los pantalones: 608, **586**	Tener o ejercer autoridad, imponer alguien su autoridad en un lugar, especialmente en el hogar
Llevarse el gato al agua: 114, 561, **104**	Alzarse con la victoria en una disputa de cualquier índole
Lo comido por lo servido: 338, **227, 374**	Que recibe a cambio de su trabajo estrictamente lo necesario para la manutención
Lo que faltaba para el duro: 283, **271**	El colmo, expresión usada cuando tras una serie de desgracias o inconvenientes sobreviene otro inesperado
Luchar a brazo partido: 510, **514**	Trabajar, pelear, etc., con mucho empeño y tenacidad
Mandar a alguien a freír espárragos: 248, **51, 353**	Despedirse o desentenderse de alguien con enfado o brusquedad
Mandar a alguien a hacer gárgaras: 426, **430**	Echar alguien a una persona o alejarla de su trato
Mantener el tipo: 295, **283, 450**	No acobardarse, actuar con serenidad o valentía ante un peligro o dificultad
Mantenerse alguien en sus trece: 261, **261**	No ceder, retroceder o transigir en una actitud, creencia, etc., obstinada
Matar la gallina de los huevos de oro: 102, **102**	Forzar la ganancia en una cosa hasta el extremo de destruir la fuente de esa ganancia
Matarlas callando: 276, **276**	Cometer malas acciones aparentando no ser capaz de ello
Menos mal que...: 609, **587**	¡Qué suerte que...!, ¡gracias a Dios que...!
Meter alguien cuchara en algo: 431	Intervenir en una conversación o en un asunto sin ser invitado a ello o con indiscreción
Meter la pata: 516, **520**	Intervenir en algo con inoportunidad o desacierto
Meterse a alguien en el bolsillo: 41, 298, **41, 286**	Ganar sus simpatías, su apoyo, conquistarlo
Meterse alguien en su concha: 341, **230**	Apartarse del trato con la gente
Meterse en camisa(s) de once varas: 122, 301, **113, 289, 383**	Inmiscuirse alguien en lo que no le incumbe o no debe importarle
Meterse por el ojo de una aguja: 348, **348**	Ser muy astuto
Mirar por encima del hombro a alguien: 183, **183**	Actuar con ínfulas, despreciativamente, con respecto a alguien
Montar el número: 587, **588**	Hacer extravagancias, dar escándalo
Muy de tarde en tarde: 519, **523**	Dejando pasar mucho tiempo entre una vez y otra
Nadar y guardar la ropa: 304, **292**	Obrar o actuar con precaución y astucia para no comprometerse y beneficiarse del provecho que pueda producirse

Negarle a alguien el pan y la sal: 522,	Negarle lo más elemental, lo básico
Ni a la de tres: 307, **295**	Por nada del mundo, expresión que indica negativa radical o imposibilidad de hacer o admitir algo
Ni a tiros: **298**	Por nada del mundo, ni a la de tres
Ni buscando con candil: 134, **125**	Expresión con que se pondera la dificultad de encontrar algo
No arrendarle a alguien la(s) ganancia(s): 105, **105**	Hacer algo alguien que, desde la perspectiva de otra persona, va a tener un mal resultado
No casarse con nadie: 218, **326**	No dejarse influir en un asunto por consideraciones de amistad o personales ajenas al asunto mismo
No chuparse el dedo: 316, **316**	No ser tonto o ingenuo, no dejarse engañar
No comerse un rosco: 313, **307, 310**	No conseguir alguien algo que pretende, especialmente en el terreno amoroso
No comulgar con ruedas de molino: 310, **301, 304, 537**	No creer alguna mentira o exageración muy patentes
No dar abasto: 23, **23**	No producir o rendir lo necesario
No dar el brazo a torcer: 59, 319, **59, 319, 322**	Mantenerse alguien firme en su propósito o dictamen sin reconocer la razón de otro
No dar golpe: 120, **120**	No hacer nada o no hacer nada de lo que se tiene obligación de hacer
No dar pie con bola: 525, 544, **529, 589**	Equivocarse continuamente
No dar una a derechas: 400, 528, **532**	No atinar lo más mínimo, no hacer nada con acierto
No dejar títere con cabeza: 531, **535**	Dirigir censuras o ataques a todo o a todos
No doler prendas: 589, **590**	No escatimar gastos, esfuerzos, etc., en cualquier asunto, no importarle a alguien alabar a otro, reconocer la superioridad de otro y admitir un error propio
No entrar ni salir alguien en cierta cosa: 39, **39**	No intervenir o influir en ella
No hacer nada a derechas: 400, **531, 532**	Véase «No dar una a derechas»
No llegar la sangre al río: 322, 494, 600, **325, 370**	No tener consecuencias graves una disputa, un enfado de alguien, etcétera.
No llegarle a alguien a la suela del zapato: 325, **328, 373**	Ser una persona muy inferior a otra, en general, o en la cualidad de que se trata
No llegarle a alguien la camisa al cuerpo: 328, **331**	Estar asustado, con mucho miedo, por algo que puede ocurrir
No mirar a una persona a la cara: 164, **152**	Negarle el saludo o mostrarse muy ofendido con ella rehuyendo su trato
No pegar ni con cola: 317, **206**	No adecuarse, no tener ninguna relación una cosa con otra
No pegar ojo: 339, **339**	No poder dormir (por más que se intenta)
No poner las manos en el fuego por nadie: 84, **84**	No responder o confiar en la persona de que se trata
No querer cuentas con una persona: 443	No querer trato o colaborar con ella
No quitar el ojo de encima a algo o a alguien: 342, **342**	No dejar de mirarlo, observarlo insistentemente con algún fin
No saber a qué carta quedarse: 534, **538**	No saber elegir entre dos o más opciones igualmente buenas
No saber alguien ni la cartilla: 224	No saber ni lo más elemental de un arte u oficio

No saber de la misa la mitad/media: 279, **279**	No estar enterado de cierta cosa alguien que pretende o debería estarlo
No ser algo moco de pavo: 285, **285**	No ser de poca importancia o de poco valor
No ser algo nada del otro jueves: 201, 391, **201, 275**	No ser extraordinario o digno de llamar la atención
No ser algo ni chicha ni limonada: 263	No tener carácter definido, no ser ni una cosa ni la contraria
No soltar prenda: 331, **334**	No decir alguien algo que lo pueda comprometer
No tener algo vuelta de hoja: 593, **593**	Ser algo claro y evidente y, por tanto, indiscutible
No tener ni pies ni cabeza: 547, **591**	Ser algo completamente disparatado o absurdo
No tener pelos en la lengua: 334, 570, 591, **406, 562, 592**	No tener alguien reparos en decir lo que piensa
No ver con buenos ojos: 337, **337**	No mirar algo con simpatía o agrado, no aprobar
No ver más allá de sus narices: 357, **357**	Ser poco perspicaz para darse cuenta de lo que hay más allá de la apariencias
Oler algo a cuerno quemado: 340, 592, **340, 486**	Despertar algo sospechas, causar mala impresión
Otro gallo te/le/etc., cantara: 96, **96**	Las cosas hubieran ocurrido mejor para la persona de que se trata de haberse realizado algo que se dice
Pagar con la misma moneda: 291, **291**	Portarse con una persona de manera que corresponde al trato recibido de ella
Pagar el pato: 343, **343**	Padecer un castigo no merecido o sufrir las consecuencias de algo sin tener la culpa
Pagar los vidrios/platos rotos: 346, **346**	Cargar alguien con todas las culpas no siendo el único culpable, o sin serlo en absoluto
Para andar por casa: **332**	Se aplica a las cosas que no son muy rigurosas o no están hechas con mucho cuidado
Parar el carro a alguien: 188, 473, **299**	Impedir que una persona continúe diciendo o haciendo cosas improcedentes
Partir el bacalao: 517, 562, **549**	Véase «Cortar el bacalao»
Partir por el eje a alguien: 30, **30**	Causarle un gran perjuicio
Partírsele a alguien el corazón: 359, **248**	Producir o sentir mucha pena o lástima
Pasar algo de castaño oscuro: 242, 349, **347, 410**	Ser algo demasiado enojoso o intolerable
Pasar por alto: 595, **594**	Omitir, eludir, no considerar
Pasar por el aro: 352, **349, 595**	Véase «Entrar por el aro»
Pasarlo en grande: 444, **448**	Pasarlo muy bien, con gran diversión
Pasarse de la raya: 497, 537, **516, 540**	Pasar el límite de lo tolerable
Pedirle peras al olmo: 540, **542**	Pretender de una persona o cosa lo que no puede esperarse de ella
Pegar la hebra: 156, **156**	Entablar conversación con alguien, generalmente prolongándola demasiado
Pegar ojo: 339, **339**	Véase «No pegar ojo» (fr. neg.)
Pegarse un tortazo: 121, **121**	Véase «Darse un tortazo»
Pensar en las musarañas: 303, **303**	Estar distraído
Perder la chaveta: 260, **365**	Volverse loco o trastornarse la mente
Perder los estribos: 60, **60**	Enfadarse, irritarse o encolerizarse
Perder los papeles: 543, **544**	Desorientarse, confundirse por efecto de algo

Pillar el toro a alguien: 378, **385**	Verse alguien apurado, en el tiempo de que se dispone, para hacer algo
Pillarse los dedos: 375, **382**	Sufrir las consecuencias de un descuido o equivocación
Pisarle los talones a alguien: 597, **596**	Seguirlo muy de cerca o estar próximo a igualarlo o superarlo en algo
Plantarle cara a alguien: 167, 580, **155, 471**	Desafiar a alguien, discutir lo que dice, enfrentarse a alguien
Poner a alguien como chupa de dómine: 278, **164**	Insultarlo, censurarlo o reprenderlo duramente
Poner a alguien como un trapo: 599, **597**	Insultarlo, desacreditarlo, ponerlo de vuelta y media
Poner a alguien de vuelta y media: 355, **352**	Insultarlo, reprenderlo o hablar muy mal de él
Poner a alguien en su sitio: 358, **355**	Hacerle comprender cuál es su verdadero papel y no consentirle ni familiaridades ni extralimitaciones en su actuación
Poner a alguien por las nubes: 312, **312**	Ensalzarlo, ponderar mucho sus virtudes
Poner algo en tela de juicio: 361, **358**	Tener dudas sobre la cosa de que se trata
Poner el carro delante de las mulas: 191, 449, **278**	Anteponer una acción que, razonablemente, debe seguir a otra que todavía no se ha realizado
Poner el cascabel al gato: 230, **335**	Ser alguien, entre varios interesados, el que se atreve a ejecutar cierta cosa difícil o embarazosa
Poner el dedo en la llaga: 601, **598**	Acertar y señalar el verdadero origen de un mal, el punto difícil de una cuestión, o lo que más afecta a una persona
Poner el grito en el cielo: 138, 546, **138, 546**	Manifestar de manera violenta enfado por algo o contra alguien
Poner en cuarentena: 425	Poner en duda. No tomar por cierta inmediatamente determinada cosa que se dice
Poner las cartas boca arriba: 527, **435**	Poner al descubierto todo lo que se guardaba oculto
Poner los cuernos a alguien: 603, **599**	Cometer infidelidad conyugal, especialmente la mujer
Poner los puntos sobre las íes: 604, **600**	Puntualizar, aclarar las cosas de tal forma que no haya lugar a dudas o tergiversaciones
Poner pies en polvorosa: 555, **552**	Huir con extrema rapidez
Poner tierra por medio: **364**	Ausentarse, huir para evitar algo que se teme
Poner toda la carne en el asador: 176, 468, **287**	Poner en juego de una vez, para conseguir cierto propósito, todos los recursos de que se dispone
Ponerle a alguien los nervios de punta: 354, **354**	Hacer que alguien se ponga irascible o que monte en cólera con facilidad
Ponerle puertas al campo: 552, **550**	Tratar vanamente de contener cierta cosa incontenible
Ponerse a tono: 585, **601**	Hacer lo que corresponde para no desentonar de otra cosa u otras personas, ingerir cierta dosis de bebida alcohólica con objeto de animarse
Ponerse al frente de algo: 404, **405**	Tomar la dirección de la cosa de que se trata
Ponerse de mil colores: 323, **212**	Ruborizarse o cambiar de color por vergüenza
Ponerse el mundo por montera: 549, **548**	Reírse del mundo
Ponerse las botas: 53, **53**	Obtener mucho beneficio en algún asunto

Ponérsele a uno la carne de gallina: 545, **411**	Sentir mucho miedo
Ponérsele a uno los pelos de punta: 572, **456**	Aterrorizarse, sentir pánico
Por barba: 370, **376**	Por persona
Por cuenta y riesgo de alguien: 440	Cargando con toda responsabilidad a que hubiera lugar
Por demás: 372, **379**	En vano, inútilmente
Por las buenas: 628, **602**	De buen grado, voluntariamente
Por narices: 578, **468**	A la fuerza
Por pitos o flautas: 489, **493**	Por un motivo u otro, pero siempre de la manera que se expresa, que no es la conveniente
Por si acaso: 521, **432**	Por si llega a ocurrir o ha ocurrido alguna cosa
Por si las moscas: 479, 490, **439**	Por si acaso
Por un tubo: 367, **367**	En abundancia, mucho
Probar fortuna: 401, **402**	Hacer algo de cuyo buen resultado no se está del todo seguro
Quedar alguien a la altura del betún: 384, **391**	Quedar mal, en posición desairada
Quedarse algo en agua de borrajas: 381, **388**	Frustrarse lo que se pretendía o esperaba
Quedarse alguien a la luna de Valencia: 222, **222**	Resultar chasqueado por algo que se pensaba obtener y finalmente no se ha obtenido
Quedarse corto: 388, **272**	Decir, a pesar de decir mucho, menos de lo que la cosa de que se trata merece
Quedarse frío: 408, **409**	Quedarse pasmado, material o moralmente
Quedarse sin gota de sangre en el cuerpo: 126, **126**	Recibir un gran susto
Quitar hierro a algo: 165, **165**	Intervenir con el fin de quitarle importancia, gravedad, etc., a algún asunto, discusión o situación equívoca
Quitarse la careta: 179, 464	Desenmascararse, comportarse de manera auténtica
Rascarse el bolsillo: 390, **397**	Soltar dinero, gastar, generalmente de mala gana
Rascarse la barriga: 387, **394**	No hacer nada, no trabajar
Rasgarse las vestiduras: 393, **400**	Escandalizarse excesiva o hipócritamente por algo que otros hacen o dicen
Recoger velas: 396, **403**	Desdecirse de algo, desistir de un propósito
Regalarle a alguien los oídos: 318, **318**	Lisonjearlo, dirigirle requiebros y piropos
Reírle a alguien las gracias: 438, **442**	Lisonjearlo demostrándole que se le encuentra simpático o gracioso, aunque no haya motivo para ello
Remachar el clavo: 302, **194**	Insistir en una torpeza o inconveniencia cometidas
Remorder la conciencia: 233, 347, **236**	Pesar, sufrir por alguna mala acción cometida
Remover el cielo y la tierra: 287, **173**	Buscar mucho, hacer muchas gestiones o agotar todos los medios para conseguir algo
Respirar por la herida: 159	Hablar alguien de manera que descubre cuál es el sentimiento o el resentimiento que tiene por algo
Romper el fuego: 75, **75**	Ser en cualquier cosa el que la emprenda o empieza
Romper el hielo: 162, **162**	Romper la frialdad, la reserva, el recelo o el embarazo que pueda haber en las relaciones entre personas
Romper una lanza por alguien: 204, **204**	Defender a alguien que se considera que no está siendo tratado con justicia
Saber algo a gloria: 432, **436**	Saber algo, especialmente comida, muy bien

Sacar a alguien de sus casillas: 51, 221, **329**	Enfurecerlo, hacer que alguien pierda los nervios
Sacar a alguien las castañas del fuego: 239, 399, **344, 413**	Sacar a alguien de algún apuro o resolverle algún problema
Sacar algo de quicio a alguien: 558, **554**	Exasperarlo, hacerle perder la calma, la serenidad
Sacar fuerzas de flaqueza: 413, **415**	Hacer todavía algo cuando ya no se tienen fuerzas físicas o morales para ello
Sacar partido de algo: 402, **416**	Obtener algún provecho o beneficio de algo
Sacarse alguien una espina: 383, **384**	Desquitarse o tomar la revancha en algo
Salir a flote: 395, **396**	Encontrarse ya sin dificultades, después de haberlas sufrido
Salir alguien o algo rana: 414, **428**	Defraudar, dar mal resultado
Salir el tiro por la culata: 408, **422**	Dar una cosa un resultado contrario del que se pretendía o deseaba
Salirse alguien con la suya: 405, **419**	Conseguir alguien lo que se propone a fuerza de obstinación
Salirse alguien por la tangente: 411, **425**	Utilizar una evasiva para eludir una respuesta comprometida
Salirse por peteneras: 526, 598, **356, 507**	Decir o hacer algo que no tiene nada que ver con lo que se trata
Saltar algo a la vista: 566, **447**	Ser evidente, notarse
Seguir alguien en sus trece: 416, **431**	Persistir obstinadamente en una postura o próposito
Seguir en la brecha: 602, **510**	Véase «Estar en la brecha»
Seguirle la corriente a alguien: 506, **263, 417**	Véase «Llevar la corriente»
Sentar algo como un jarro de agua fría: 195, **195**	Quitarle inesperadamente a alguien una ilusión o esperanza o apagarle el entusiasmo por algo
Sentar cabeza alguien: 536, 561, **398, 556**	Hacerse formal o sensato alguien que no lo era
Ser algo arma de doble filo: 69, **69**	Ser cualquier cosa peligrosa de manejar porque puede resultar de efecto contrario al perseguido
Ser algo el cuento de nunca acabar: 564, **558**	Dar algo una y otra vez la impresión de que va a acabar, pero no se termina
Ser algo el pan nuestro de cada día: 421, **437**	Ocurrir algo con mucha frecuencia y continuidad (habitualmente, con sentido peyorativo)
Ser algo harina de otro costal: 153, **153**	No ser aplicable algo a aquello de lo que se habla
Ser algo o alguien pájaro de mal agüero: 567, **560**	Presagiar sucesos desfavorables
Ser alguien el vivo retrato de alguien: 427, **443**	Ser muy parecido a otra persona
Ser alguien muy suyo: 430, **446**	Ser raro, tener un carácter difícil
Ser culo de mal asiento: 418, **434**	Ser una persona inquieta, que no está a gusto en ninguna parte
Ser más el ruido que las nueces: 424, **440**	Haber hablado mucho de una cosa o haberle dado más importancia que la que tiene
Ser un cero a la izquierda: 254, **359**	No tener ninguna influencia o no ser tenido en consideración en cierto asunto o lugar
Ser una cosa coser y cantar: 403	Ser muy fácil
Ser uña y carne dos o más personas: 173, 433, 455, **284, 449**	Existir una estrecha amistad entre ellas
Sin comerlo ni beberlo: 355, **377**	Sin haber hecho nada para que ocurra cierta cosa buena o mala

Sin decir esta boca es mía: 38, **38**	Sin abrir la boca, sin hablar
Sin encomendarse ni a Dios ni al diablo: 9, **9**	Irreflexivamente, sin tomar las debidas precauciones
Sin faltar una coma: 329, **218**	Sin omitir ningún detalle
Sin ton ni son: 502, **182, 504**	Sin causa o motivo
Sobre seguro: 436, **452**	Sin aventurarse a sufrir ningún daño, riesgo o equivocación
Soltar el chorro: 275, **161**	Prorrumpir en algo como risas, palabras, insultos
Soltar el rollo a alguien: 442, **461**	Aburrirlo con la charla que se le da
Soltar la mosca: 439, **455**	Véase «Aflojar la mosca»
Soltarse alguien la cabellera: 445, **458**	Hablar o actuar libremente, sin preocuparse de las consecuencias
Subido de color/tono: 326, **215**	Escabroso, inoportuno por la índole del asunto de que se trata
Subírsele a alguien los humos a la cabeza: 189, **189**	Ensoberbecerse o envanecerse alguien después de haber obtenido un éxito en alguna empresa
Templar gaitas: 90, **90**	Usar miramientos o contemplaciones para que no se disguste alguien predispuesto a ello
Tener a alguien entre ojos: 330, **330**	Tomarle antipatía a alguien
Tener a raya a alguien: 448, **464**	No dejar que se propase o exceda
Tener algo en el buche: 65, **65**	Tener callado un secreto, una noticia
Tener alguien buen saque: 451, **467**	Ser capaz de comer mucho, ser un comilón
Tener alguien la cabeza llena de pájaros: 77, 454, **77, 470**	Tener poco o ningún juicio
Tener alguien muchas tablas: 460, **476**	Tener desenvoltura, soltura, en un escenario o en cualquier actuación ante el público
Tener alguien trastienda: 463, **479**	Ocultar las cosas, ser hipócrita, actuar con astucia o disimulo
Tener alguien vara alta: 466, **482**	Tener influencia o ascendencia en algún sitio para conseguir favores para sí o para otros
Tener cara de pocos amigos: 155, **143**	Tener el semblante adusto y desagradable
Tener correa: 365, **254**	Tener aguante para las bromas o burlas
Tener la guerra declarada a alguien: 144, **144**	Proceder con clara hostilidad y animadversión contra alguien
Tener la negra: 306, **306**	Estar pasando por una racha de mala suerte
Tener la sartén por el mango: 485, **534**	Ser el dueño de la situación. Estar en situación de poder ser el que decida
Tener mano izquierda: 457, **473**	Tener habilidad o astucia para resolver situaciones difíciles
Tener más conchas que un galápago: 344, **233**	Ser muy astuto y disimulado o reservado
Tirar de la manta: 267, **267**	Tratar de hacerle decir a alguien algo que sabe, tratar de aclarar un asunto que alguien pretende que quede encubierto
Tirar la casa por la ventana: 215, **323**	Véase «Echar la casa por la ventana»
Tirar piedras contra el propio tejado: 588, **480**	Criticarse a sí mismo sin ser consciente de ello
Tirarle a alguien de la lengua: 213, **213**	Tratar de descubrir algo que se presume vergonzoso o censurable
Tocar todos los resortes: 469, **485**	Poner todos los medios, echar mano de todas las influencias para conseguir algo
Tocarle a alguien la china: 503, **522**	Tener mala suerte

Tomar a risa: 475, **491**	Burlarse de alguien o de algo, no darle crédito o importancia
Tomar cartas en el asunto: 209, 364, **317**	Intervenir en el asunto de que se trata alguien que tiene autoridad
Tomar el pelo a alguien: 538, 582, **14**	Burlarse de alguien con disimulo o ironía
Tomar el rábano por las hojas: 472, **488**	Interpretar equivocadamente y a veces interesadamente una cosa
Tomarla con alguien: 478, **494**	Contradecirlo y culparlo por sistema en cuanto dice o hace
Traer a alguien de cabeza: 80, 481, **80, 497**	Tener o dar algo mucha preocupación o trabajo a alguien
Traer cola: 314, **203**	Tener consecuencias
Traer por la calle de la amargura: 110, **104**	Proporcionar disgustos, preocupaciones o malos tratos
Traerle algo a alguien sin cuidado: 573, **564**	No preocuparle lo más mínimo
Untar el carro: 194, 473, **302**	Sobornar, tratar de sobornar a alguien
Venir a cuento: 446	Ser oportuno o motivado
Venir con la misma canción: 119	Insistir en una cosa con pesadez
Ver algo de color de rosa: 320, **209**	Ver algo con aspecto agradable u optimista
Ver la paja en el ojo ajeno: 512, **423**	Ver los defectos de los demás, sin tener en cuenta los propios
Ver las estrellas: 560, **441**	Sentir un dolor físico muy grande
Ver los cielos abiertos: 290, **176**	Ver, en algún suceso o circunstancia, la solución para conseguir una cosa o librarse de algo
Vérselas y deseárselas para algo: 484, **500**	Pasar dificultades para conseguir alguna cosa
Vérsele el plumero, a alguien: 576, **566**	Traslucirse su pensamiento o intenciones
Volver a la carga: 170, 452, **281**	Insistir de nuevo en un argumento o pretensión
Volver alguien por sus fueros: 87, **87**	Restablecer alguien una situación que había perdido o que le había sido arrebatada, defenderse de atropellos o ataques injustos
Volverle las espaldas a alguien: 380, **381**	Desatender a alguien en una actitud que, según los casos, puede denotar ingratitud, revancha, etc.

SUMARIO